KB203103

설교가 맛있다

설교가 맛있다

·**초판 1쇄 발행** 2025년 1월 10일

·**지은이** 박정엽
·**펴낸이** 민상기
·**편집장** 이숙희 **편집** 민경훈
·**펴낸곳** 도서출판 드림북
·**인쇄소** 예림인쇄 **제책** 예림바운딩
·**총판** 하늘유통

·**등록번호** 제 65 호 **등록일자** 2002. 11. 25.
·경기도 양주시 광적면 부흥로 847 경기벤처센터 220호
·Tel (031)829-7722, Fax 0504-269-6969

설교가 맛있다

작은 교회 사역자를 위한 설교컨설팅

박정엽 지음

드림북

추천사

시골의사 황원장(유투브 시골의사tv 운영자)

저는 작은 시골마을의 의원에서 진료하고 있는 황대근입니다. 박정엽 목사님과의 인연은 14년 전, 한국누가회 활동을 하면서 시작되었습니다. 당시, 시험과 유급의 공포에 질려 제 자존감은 바닥까지 내려가 있었고, 한참 방황하던 시기였습니다.

그런 저에게 박정엽 목사님은 한 줄기 빛 같은 분이셨습니다. 깡마르고 병색이 짙어 보이는 그 모습에서 쏟아져 나오는 강렬한 말씀들은 저를 일으켜 세웠습니다. 목사님의 말씀 한마디 한마디는 단순한 위로를 넘어, 제 마음 깊숙한 곳에 하나님께서 함께하신다는 확신을 심어주셨습니다.

박정엽 목사님의 설교에는 특별함이 있습니다. 어떤 설교는 교리를 설명하고, 어떤 설교는 사람의 감정을 건드리지만, 박

목사님의 설교는 다릅니다. 듣는 이의 마음을 계속 두드리고 건드리면서, 결국 하나님이 나와 함께하신다는 깨달음에 도달하게 만듭니다. 그 설교는 단순한 인간의 언변이 아닌, 하나님의 은혜가 담긴 도구와도 같습니다. 목사님께서는 성경의 메시지가 어떻게 살아서 우리 삶에 역사하는지를 보여주는 은사가 있으신 것 같습니다.

이 책을 읽으면서 느꼈던 것은, '목사님도 본인의 설교에 특별한 힘이 있는 것을 알고 계시는구나… 그리고 그 방법을 더 많은 사람과 나누고 싶어 하시는구나'라는 것이었습니다.

현재 목사님은 에클레시아 지원연구소를 운영하시며 시골 교회를 다니며 말씀을 전하고 계십니다. 아쉽게도, 그 설교를 들을 수 있는 분들은 극소수의 성도님들뿐이지요. 목사님께서 이 책에 담아내신 설교의 비결들이 더 많은 사역자분들께 전해졌으면 좋겠습니다. 그리고 그 말씀을 통해서 지금도 어디선가 힘겨워하고 있는 누군가에게 희망이 되고, 살아 계신 하나님을 만나는 통로가 되기를 소망합니다.

추천사

최중화 교수(부산장신대 신학과 교수, 『미쉬나 길라잡이』저자)

박정엽 목사님을 부산장신대학교 앞의 작은 교회에서 처음 만나뵈었을 때 박목사님의 따뜻한 마음과 사역에 대한 열정을 느낄 수 있었습니다. 박 목사님의 작은 교회와 함께하는 특별한 사역 이야기를 들으며 응원하게 되었기에, 그의 책 '설교가 맛있다'를 접했을 때 이 책이 목사님의 작은 교회 설교 지원 사역의 연장선에 있음을 금방 알았습니다.

이 책에서 박정엽 목사님은 작은 교회 목회자들이 설교 준비에서 겪는 현실적인 어려움을 진솔하게 이해하고, 그에 대한 구체적이고 실용적인 해결책을 제시합니다. 설교자의 영적 성숙과 설교의 본질적 가치를 강조하면서도, 현대 설교가 직면한 청중의 변화와 기술적 도전에 대한 깊은 통찰을 제공합니다.

특히 설교 준비 과정을 요리의 과정에 비유하여 본문을 심도 있게 연구하고, 성도들의 필요와 삶의 상황에 맞추어 재해석하는 방법을 매우 실용적으로 설명한 부분은 목회 현장에서 큰 도움이 될 것입니다. 이 책은 설교가 단순한 정보 전달을 넘어 성도의 삶을 변화시키는 하나님의 도구임을 다시금 상기시킵니다. 또한 박목사님은 작은 교회 목회자들이 매주 새로운 메시지를 준비하는 데 필요한 실제적인 지침과 따뜻한 격려를 아끼지 않습니다.

'설교가 맛있다'는 모든 설교자가 더 깊고 풍성한 설교를 준비하고자 할 때 신학적 통찰과 실천적 지혜를 담은 필독서로 적극 추천합니다.

추천사

현유광 교수(전 고려신학대학원 원장, 『갈등을 넘는 목회』저자)

목회자가 교회를 섬김에 있어서 가장 중요한 것은 설교다. 목회는 한 영혼을 양육하는 것과 공동체인 전체 회중을 돌보는 것이다. 한 사람이 예수 그리스도를 알고 믿고 고백하고 성장하도록 돕는 방편이 많이 있겠다. 하지만 공예배 시간에 선포되는 하나님의 말씀 곧 설교는 한 사람을 변화시키고 성숙한 그리스도인으로 자라는데 중요한 방편이다. 다양한 사람들이 모인 교회 공동체를 목회자는 이끌어야 한다. 목회자는 이를 위해 전체 교인들에게 비전을 제시하고, 마음과 힘을 모아 계획을 세우고 헌신하도록 도와야 한다. 설교는 한 사람을 자라게 할뿐만 아니라, 전체 교인들이 한 마음을 품도록 이끄는데 매우 효과적이다.

본서의 저자 박정엽 목사님은 35년간 어린이, 청소년, 청년 사역을 하면서 다양한 청중을 대상으로 설교한 경험이 있다. 이번 그의 설교자로서의 삶을 농축한『설교가 맛있다』가 출간되었다. 두껍지는 않지만 무게가 많이 나가는 책이다. 이 책은 설교가 무엇인지, 하나님이 기뻐하시는 설교는 어떤 것인지를 매우 구체적으로 가르쳐 준다. 그뿐만 아니라 이 책은 그런 설교를 어떻게 작성할 수 있는지, 실제로 어떻게 설교를 전달해야 할지를 흥미 있게 설명한다. 마지막으로 그가 했던 다양한 형편에서의 설교의 전문을 공개한다.

　설교자가 되려는 사람에게 이 책은 어떻게 준비해야 하는지를 가르쳐준다. 설교를 준비하는 과정에서 어려움을 느끼는 이들이 이 책을 읽는다면 부담을 덜게 되고 새로운 설교준비에 접근하도록 도움을 받게 될 것이다. 다양한 상황 가운데 설교자들이 반드시 점검해야 할 내용들을 이 책은 재미있게 풀어준다. 더욱이 일곱 편의 박정엽 목사님의 설교원고를 세심하게 살펴보고 자신의 설교에 적용해보는 사람들은 좋은 설교자로 성장하는데 큰 도움을 얻을 것이다. 설교를 준비하는 책상에 놓아두고 수시로 참고하길 추천한다.

추천사

김현철 목사(행복나눔교회 담임목사, KOSTA강사)

훌륭한 쉐프는 좋은 재료를 확보하고, 자기의 역량을 총동원하여 멋진 요리를 고객에게 제공한다. 설교자가 청중들을 위하여 설교를 준비하는 것도 이러한 요리과정과 같다고 할 수 있다. 저자는 최고의 재료인 성경을, 훌륭한 영적 양식이 되도록 준비하는 과정을 생생하게 소개하고 있다. 훌륭한 쉐프는 다양한 상황에 어울리는 요리를 준비하듯이, 설교자가 다양한 집회들과 청중들에게 적합한 메시지를 준비하는 과정을 상세하게 설명하고 있다.

또한, 저자가 제시하는 설교의 준비과정에 입각하여 작성한 설교문들을 첨부하여, 설교가 늘 고민인 사역자들에게 실질적인 도움을 제공한다. 이 책이 보다 들리는 설교, 감동적인 설교를 전하려고 하는 모든 설교자들에게 큰 도움이 될 것을 확신하며 기쁨으로 추천한다

추천사

최관호 간사(한국누가회 전임간사, 신학을 전공한 정신과의사)

성경은 하나님의 말씀이다. 성경에는 무한하신 '하나님의 속성과 사역'이 담겨 있다. 이러한 '하나님의 무한하심'을 '인간의 유한한 언어'로 계시해주신 것이 '성경'이다. 그럼에도 성경에는 '우리를 위한 하나님의 구원 사역'이 전혀 모자름 없이 계시되어 있다. 이것이 바로 하나님의 위대하심이며 은혜다.

예수님은 부활하신 후, 왜 승천하셨나? 그대로 우리와 함께 계셨더라면, 교회의 분열도, 이단의 발흥도 없었을 것인데... 이것이 바로 '하나님의 디자인'이다. 당신의 자녀를 구원하는 '하나님의 방식'이다. 무한하신 하나님은 유한한 우리를 당신의 동역자 삼으셨다. 유한한 우리를 통하여 하나님 나라를 이루어가기로 결정하셨다. 이또한 하나님의 위대하심이며 은혜다.

그렇게 하나님의 아들은 부활하신 후, 이땅을 떠나 하나님 아버지 우편에 앉으셨으나, 이 땅을 떠나지 않으셨다. 성육신(成肉身)하신 인성(人性)을 따라서는 하늘 보좌 우편에 앉으셨으나, 여전히 신성(神性)을 따라서는 온 우주에 충만하셨다. 그렇게 하나님의 아들은 지금도 우리와 함께 하신다. 또한 승천하신 후 보내주시는 영, 그때부터 '예수의 영'이라 불리우는 '성령 하나님'을 통하여 우리와 함께 하신다.

그렇게 '무한하신 성령 하나님의 내주(內住)하심'을 통하여 구원받은 성도 가운데 하나님은 '당신의 사역자'를 세우셨다. 그리하여 '영원하신 당신의 말씀'을 맡기셨다. 여전히 '시대의 아들'일수밖에 없고, 여전히 '오류투성이'인 설교자에게 '오류 없는 당신의 말씀'을 맡기셨다. 피조물인 사람으로 태어나 이보다 큰 영광이 있을까?

그 길에 부름받은 '말씀 사역자들을 위한 책'이 나왔다. 박정엽 목사님과 나는 14년간 한국누가회(CMF)에서 동역했다. 즉 나는 박정엽 목사님이 수련회에서 설교하시던 현장에 있던 사람이다. 박정엽 목사님을 통해 선포되던 말씀의 은혜를 목격한 증인이다. 그렇게 한국누가회(CMF) 지체들에게 선포되던 말씀의 은혜가 널리 나누어지기를 기대하며 기쁜 마음으로 이 책을 추천한다.

추천사

권율 목사 (세계로병원 원목, 「전능자의 손길」 저자)

저자의 원고를 읽으면서 3가지가 떠올랐습니다. 간결한 호흡, 쉬운 언어, 실제적 접근입니다. 제가 볼 땐 이 3가지는 저자가 말하려는 설교 철학이기도 합니다. 마찬가지로『설교가 맛있다』역시 그 문장들이 '간결한 호흡'으로 이루어져 있습니다. 보통 설교와 관련된 책들이 설교학 내용처럼 길고 화려한 문장으로 되어 있는데, 저자의 글은 독자들이 읽는 데 아무 어려움이 없도록 간결한 호흡으로 되어 있습니다.

그리고 이 책은 아주 '쉬운 언어'로 되어 있습니다. 마치 대화를 하며 귀에 들리는 듯한 쉬운 언어를 구사합니다. 학위 여부나 교육적 수준과 아무런 상관없이 누구나 읽어낼 수 있는 장점이 있습니다. 저 같은 다작가들에게 책을 반드시 문어체로만 써야 한다는 강박에서 자유롭게 해 줍니다.

마지막으로, 『설교가 맛있다』는 설교에 있어 '실제적 접근'을 시도하고 있습니다. 그저 설교의 원론적인 측면을 다루는 것에서 과감히 탈피하여, 실제 설교 상황을 어떻게 이해하고 청중과 어떻게 호흡할지를 아주 실제적이고 구체적으로 다룹니다. 심지어 설교자의 스피치 방법과 예화 사용법도 세밀하게 언급하고 있습니다.

이 책의 부제가 비록 "작은 교회 사역자를 위한 설교 컨설팅"이지만, 교회 크기와 상관없이 모든 설교자들에게 아주 유용한 지침서라고 확신합니다. 이에 박정엽 목사님의 『설교가 맛있다』를 기쁜 마음으로 추천합니다.

서문

　나는 농어촌, 도시 작은 교회를 지원하는 사역[1](에클레시아 지원연구소)을 하는 목사다. 첫 번째 사역이 사례 없이 설교를 해드리는 것이다. 작은 교회는 대부분의 목사님들이 혼자서 사역하신다. 목사님이 코로나에 걸린다던지, 독감으로 목소리가 안 나오던지, 경조사와 휴가로 교회를 불가피하게 비어야 하는 상황에 설교사역을 대신하는 것이다. 일 년에 수백 교회를 다니며 목사님들과 교제하고 여러 가지 삶의 이야기를 듣는다.

　작은 교회 목사님들의 고충은 결국 설교가 가장 많은 부분을 차지한다. 그 다음이 인간관계, 재정과 성도의 감소이다. 목사님들은 혼자서 365일 설교를 담당하신다. 설교를 하고 돌아서면 설교가 기다리고 있다. 주일날은 새벽기도회, 주일학교(학생회),

---

1) ■설교지원 & 설교컨설팅(세미나)
　　■목회상담, 사역코칭
　　■지역사회(단체, 기관, 교회) 네트워킹
　　■목회자 자녀를 위한 캠핑 & 수련회
　　■도서출판(주제: 캠프, 설교학, 작은 교회 이야기)

오전예배, 오후예배를 끝내고 나면 입에서 단내가 날 정도이다.

계속 설교를 쳐내기에 바쁘다보니 설교를 업그레이드 할 여력도 없고 다시 공부할 기회를 갖기도 쉽지 않다. 반면에 성도들의 듣는 귀는 계속 업그레이드가 된다. 코로나로 인한 영상예배(유투브)의 활성화로 전국의 목사님들의 명설교를 성도들이 자기 집 안방에서 휴대폰으로 다 듣고 보고 있다. 시골교회의 경쟁자는 바로 옆 동네의 목사님이 아니라 서울, 경기도의 대형교회 목사님들이라는 우스갯소리도 있다.

목사(목회자)가 되었다는 것은 평생 설교자로 살아야 한다는 것을 의미한다. 설교사역은 목사에게 하나님의 뜻을 대언하는 영광스러운 직임이면서 또한 부담스러운 자리임에 틀림없다. 나도 평생 부담스런 설교사역를 했다. 부산 경남의 지역교회(13년)와 전포교회(17년), 알니온 어린이선교회, 크리스천캠핑 보물상자, 한국누가회(CMF) 선교단체에서 35년 넘게 각종 수련회, 캠퍼스와 병원모임, 지역모임 등 모든 세대를 넘나들며 말씀으로 섬겼다. 지금도 여전히 부산 경남 울산의 작은 교회를 설교(설교컨설팅, 설교세미나)로 섬기며 순회하는 사역을 하고 있다.

작년에 PK캠프(목회자자녀캠프)와 청년수련회특강으로 섬긴 적이 있다. 목회자 자녀캠프를 마치고 한 아이가 그런 이야기를 하는 것이다. 목사님이 다음에도 설교하시면 오겠다고~ 청년특강 1시간 10분을 했는데 한 청년이 나오면서 목사님 10분이 지나간 것 같은데 강의가 끝났어요! 그 이야기를 들으면서 기분이 좋아지다가 곰곰이 생각해보니 1시간 10분 강의 했는데 10분이 흘렀다? 그러면 1시간 잤다는 이야기가 아닌가? 왜 그 아이가 다음에도 오라고 했을까? 아마 다른 캠프 같으면 설교자가 2시간 설교, 1시간 기도회로 잡는데 박정엽목사는 설교가 짧으면서도 재밌게 하고 기도회도 금방 마치니 어차피 와야 하는데 당신이 오면 집회가 빨리 끝나 덜 고생하니 그렇게 말한 진짜 이유가 아니었을까?

설교는 하면 할수록 쉽지 않다. 복잡한 설교이론(설교학)을 잘 배운다고 설교가 잘 되는 것일까? 그렇다면 설교학 교수님이 설교를 가장 잘해야 하지 않는가? 얼마 전 경남의 ○○신학대학에서 총장님, 교수님들이 모인 자리에서 같이 교제를 하다가 설교학 교수님 중에 설교 잘하시는 분이 누구신가? 물었더니 총장님이 설교학 교수님 중에 설교 잘하는 분이 어디 있는가? 없다! 단언하시던 그 이야기에 다른 교수님들이 모두 다 박장대소하셨다.

그런데 설교학 교수님 중에 합신의 권호 교수님, 고신의 환진환 교수님, 총신의 류응렬 교수님은 탁월한 설교자이시다. 하지만 그분들의 젊은 시절(교수가 되기 전) 설교를 찾아서 들어보니 원래 설교를 잘 하시는 분들이셨다. 그런 면에서 설교는 배워서 되는 부분도 있지만 사실은 은사적인 부분이 분명히 있다. 그럼에도 목사는 평생 설교의 〈진보〉를 위해서 공부하고 노력해야 함은 분명하다.

설교는 밥을 짓는 것이라고 생각한다. 설교는 생식이 아니다. 재료만 던져주는 것이 아니라 그 음식재료(본문)를 가지고 삶고 끓이고 튀기고 양념으로 간을 해서 식탁에 앉은 가족(성도)들에게 내는 것이다. 다시 말해 목사가 말씀의 본문을 가지고 충분히 요리(묵상하고 고뇌하고 자기 것으로 소화하는 과정)하는 것이 꼭 필요하다. 그렇게 정성스럽게 준비한 말씀은 성도들이 말하지 않아도 그 맛을 안다. (역시 우리 엄마 김치찌개야~!) 설교는 목사님의 신학, 사고, 경험, 삶을 통과하면서 재해석되어 그 맛으로 교회와 성도를 우선적으로 차별되게 섬기기를 하나님은 원하신다. 하나님은 모든 지교회가 프랜차이즈 음식점(똑같은 레시피와 맛의 설교)이 되기를 결코 원하지 않으신다.

한 주에 전국의 수만 교회에서 수만 개의 설교가 인터넷으로, 방송으로, 유투브로 쏟아져 나온다. 그 홍수 같은 설교만찬에서 작은 교회 성도들은 우리교회 목사님의 설교를 어떻게 대하며 왜 들어야 하는가에 대한 진지한 고민을 해보아야 한다. 아무리 뛰어난 설교자가 넘쳐나도 〈최고의 설교〉는 자기 교회 성도의 삶과 형편을 품고 기도하며 그 전한 말씀대로 살려고 몸부림치는 본인 교회의 목사님을 통하여 흘러나오는 바로 그 말씀임을 나는 확신한다! 미력하나마 이 책을 통하여 작은 교회 목사님들의 설교 준비에 가려운 부분을 긁어 드리고 설교의 짜임새와 깊이가 더해져 성도들에게 맛깔나는 설교가 되는 계기가 바란다.

탁월한 설교가 무엇인지를, 그에 일치하는 사역자의 삶이 무엇인지를 몸소 보여주신 전포교회 한종술 목사님, 故 이희윤 목사님(부산동삼교회, 서울평안교회)께 깊은 감사를 드리며 지금도 작은 교회를 이름 없이 빛도 없이 소명 따라 섬기며 지키시는 주의 종들에게 이 책을 바친다.

2024년 11월

저자 박정엽

목차

| 설교를 묻다 |

| 설교의 메뉴와 레시피 |

| 설교의 맛을 내다 |

| 설교의 상을 내다 |

| 실제 설교 원고 |

▦설교를 묻다

설교자의 가장 날카롭고 강한 설교는 자신에게 하는 것이어야 한다.
- E.M 바운즈

■부교역자에게 최고의 사역지

　전도사님들에게, 부목사님들에게 최고의 사역지는 어디인가? 사례를 많이 주고 보너스도 주고 깨끗한 사택도 제공해주는 교회가 아닐까? 대부분의 전도사님과 목사님들이 그렇게 사역지를 우선적으로 정한다. 그런데 다시 그 시절로 돌아가라고 한다면 사역지를 선택할 때 가장 중요한 사항은 이것이 아닐까? 바로 설교를 탁월하게 하는 목사님, 그리고 인격적으로 존경하고 배울 것이 있는 목사님, 설교를 자주 하도록 배려하는 교회이다. 설교는 신학교에서 교수님들의 설교학 강의를 통해서 배우기도 하지만 전도사님, 목사님들이 사역하는 교회의 담임목사님을 통해서 배우고 체득하는 것이 가장 설교를 잘 배우는 길이

다. 그렇게 배운 설교로 평생 성도를 섬기게 된다. 처음에 딱딱하게 설교를 배우면 그렇게 설교하고 감동적이고 재미있게 설교하는 목사님에게서 배우면 그의 설교도 따라하게 된다. 사역자들의 설교가 처음에는 다 모방이고 흉내이다. 나도 젊은 시절 목사님들의 설교집을 요약하면서 설교 테이프를 받아 적으면서 설교를 배웠다. 좋은 목사님 밑에서 사역하는 매주일이 설교학을 공부하고 설교실습을 훈련하는 시간이다. 그 시간이 너무나 소중하고 평생의 목회 사역의 밑거름을 쌓는 시간이라는 것을 우리 부교역자들이 꼭 기억했으면 한다.

■교회의 엔진, 설교

교회의 사역은 정말 다양하다. 하지만 그 중에 이 모든 것에 동기를 부여하고 움직이게 하는 엔진과 같은 사역이 설교이다. 이규현 목사님은 교회의 모든 사역은 강단에서 출발하고 강단에서 교회의 생명이 결정된다고 말한다.[1]

자동차의 색깔이 너무 예쁘고, 명품가죽시트가 설치되어 있

---

1) 이규현, 『설교를 말하다』, 서울: 도서출판 두란노, 2020, p. 6.

고 전자장치가 잘 되어 있어도 엔진이 움직이지 않으면 이 모든 것이 무용지물이다. 자동차가 움직이지도 않고 에어컨도 안 나오고 타이어가 무슨 소용이 있는가? 엔진이 죽으면 자동차는 정지해 있는 장식품에 불과하다. 교회의 다른 사역이 좀 부족해도 설교가 힘을 내고 성도들이 은혜를 받으면 교회는 한 걸음 나아가며 다른 부분들을 견인해 낼 수 있다. 성도들이 주일 오전예배설교에 큰 은혜를 받았다. 그러면 보통은 예배드리고 바로 가는 성도들을 붙잡아 점심을 같이 먹으면서 교제할 수 있다. 그리고 오후예배에 참석하고 거기서 또 은혜를 받으면 주중에 구역모임에 나갈 수 있고 다른 새신자를 전도해 올 수도 있다. 그래서 작은 교회에서는 무엇보다 설교가 사역의 핵심이다. 설교가 교회를 한 걸음 더 전진하게 하는 동력이 되는 것이다.

■설교자인가? 설교기계인가?

우스갯소리로 목사들이 하도 뼈를 깎는 마음으로 설교준비를 하다 보니 어느새 뼈 없는 연체동물이 되었고 하도 머리를 쥐어뜯어서 대머리가 되었다고 한다. 작은 교회는 대부분 목사님이 혼자서 설교를 한다. 월요일부터 주일까지 새벽기도회, 수요예배, 금요기도회, 오전예배, 오후예배, 매주일 적어도 9~10회를 설교한다. 심방설교 경조사설교를 제하더라도 돌아서면 설교가 기다리고 있다. 채경락 목사님은 이를 두고 끊임없이 인해전술로 내려오는 중공군 같다고까지 표현한다.[2] 기분이 좋아도 기분이 나빠도 설교는 어김없이 돌아온다. 부부싸움을 하고 자녀와 다투어 설교할 마음이 들지 않아도 무조건 설교해야 한다. 나를 싫어하는 성도가 예배 중에 쳐다보고 있어도 설교는 해야 한다. 휴가 중에도 당연히 설교를 쉴 수 없다. 그러니 휴가가 휴가가 아니다. 설교가 기다리고 있는데 어떻게 편안하게 휴가를 즐길 수 있는가? 사례를 드리며 강사를 모시기에 교회 형편이 어렵고 대신해 줄 사람은 찾는 것도 쉽지 않다.

설교는 목사를 절대 피해가지 않는다. 큰 교회 부목사로 사역할 때는 하고 싶은 이야기들이 많아서 어떻게든 설교할 기회를 잡아보려고 애썼는데 작은 교회에서는 모든 설교를 혼자서 감당해야 하니 어느 순간 너무 외롭고 큰 부담으로 다가온다. 사역지에 새로 부임하고 그동안 연구하고 쌓아왔던 설교는 2~3년이면 바닥을 드러낸다. 매일, 매주 쳐내야 하는 설교 앞에서 설교자인지? 설교하는 기계인지를 고민할 때가 있다고 말하는 목

---

2) 채경락,『쉬운 설교』,서울: 생명의 양식, 2024, p. 315.

사님들의 이야기를 듣는다. 그러니 깊이 있고 양질의 설교로 성
도들을 대접하고 싶어도 어느새 계속해서 의무적으로 돌아오는
설교 앞에서 두 손 두 발 다들고 항복을 선언한다. 목사님들에
게 설교는 하나님의 영광을 선포하는 기쁨이 아니라 어느 순간
부담스런 의무이고 고통으로 다가온다.

■최고의 설교 : 삶으로 살아내는 설교

매번 말씀을 전하며 이렇게 살아야 한다고 성도들에게 천사
가 된 것처럼 도전하지만 정작 목사 자신은 자신이 말한 대로
살기가 결코 쉽지 않다. 그래서 많은 설교를 쏟아내는 것 이상
으로 목사를 괴롭게 하는 것은 전하는 말씀대로 살지 못하는 자
신을 보며 삶의 괴리를 느끼는 것이다.

설교는 세 가지가 있다. 글과 말, 그리고 삶의 설교이다. 작은
교회에 부임하고 일정 기간이 지나면 성도들이 더 이상 목사님
의 설교가 신선하고 새롭다고 느끼지 못하는 지점에 도달한다.
성도들에게 그 설교가 그 설교로 들린다.

그런데 이 시기를 넘어서면 성도들은 목사의 설교를 귀로만 듣는 것을 넘어서 그렇게 설교한 목사의 삶을 듣고 본다. 아무리 탁월한 설교를 한들 삶이 받쳐주지 못한다면 부도수표를 남발하는 것이 아니겠는가? 대중적으로 유명한 목사님들이 평생을 그렇게 탁월한 목회와 설교를 해놓고 삶의 불미스런 일과 더나은 은퇴조건을 받기 위해 쌓아온 모든 사역을 다 뒤집는 경우를 보면 너무나 안타깝다. 그로 인해 교회를 떠나고 실족하는 영혼들을 어떻게 감당하시려는지?

무엇보다 목사의 삶이 최고의 설교이다. 의령○○교회 ○○○목사님이 계신다. 그런데 이 근처 지역에 7~8개 교회가 있는데 담임목사가 부임을 해도 위임을 해 주는 교회가 거의 없다고 한다. 그런데 놀랍게도 위임을 안 해주는 그 지역 풍토에서 목사님이 공동의회에서 만장일치로 ○○교회 위임목사님이 되셨다. 도대체 어떤 이유에서인지 너무나 궁금했는데 지인을 통해서 자초지종을 듣게 되었다. 목사님은 새벽기도를 마치면 교회 옥상에 올라가서 성도들의 비닐하우스, 논, 밭 등을 살피신다는 것이다. 그러다가 불이 켜지고 사람과 농기구들이 움직이는 것을 보면 음료수와 간식을 챙겨서 심방하고 격려하고 짬짬이 일손도 돕는다는 것이다. 한마디로 성도들의 삶으로 들어가 성육신하신 것이다. 그러니 어떤 성도가 감동받지 않겠는가?

　설교는 진공에서 울려 퍼지는 말씀이 아니다. 철저하게 성도들과의 깊은 관계 속에서 진리의 말씀이 오고가는 것이다. 목사님이 좋고 신뢰가 되면 말씀이 제한되지 않고 정확하게 전달되어 영혼을 울리는 것이다. 글과 말이 아니라 삶의 설교가 최고의 설교다!

▓설교의 메뉴와 레시피

우리는 설교자로서 반드시 하나님께서 피조물과 역사와 우리의 삶과 우리의 죽음과 우리의 영혼 구원과 설교를 듣는 자들의 영혼 구원에 대해 주권을 가지고 계시다는 사실을 믿고, 가르치고, 이를 우리의 낙으로 삼아야 한다.

- R.C. 스프로울

■설교에 쫓기지 말고 설교의 멱살을 잡고 가라!

설교의 고수와 하수의 차이는 설교학 박사가 있느냐, 언변이 탁월하냐가 아니다. 그 근본적인 차이를 내는 것은 바로 준비에 있다. 하수는 닥치면 닥치는 대로 늘 마감시간에 쫓겨 설교를 준비하고 평생 도망자의 신세로 목회를 마감한다.

그런데 고수는 다르다. 고수는 설교의 멱살을 잡고 간다. 설교의 멱살을 잡고 간다는 말이 무엇인가? 설교 준비에 대한 시간이 늘 고정적으로 확보되어 있고 충분한 묵상과 연구를 통하여 양질의 설교를 주도적으로 재생산해 낸다.

수요예배설교인데 그 날 수요일 아침부터 설교준비를 하고 있다면 당신은 하수이다. 왜냐하면 설교준비에는 늘 변수가 존재한다. 그날따라 친구가 갑자기 방문할 수도 있고 급한 심방이 생길 수 있고 간단하게 본문이 풀릴 줄 알았는데 막히는 것이다. 그러면 예배시간은 다가오는데 분주한 일과 풀리지 않는 본문 앞에서 본인도 만족하지 못하고 성도들의 기대에도 미치지 못하는 설익은 설교로 마지못해 섬길 수밖에 없는 상황이 발생한다.

설교는 분명히 숙성하는 시간이 필요하다. 설교는 인스턴트 식품이 아니다. 설교는 절대 뚝딱 만들어지지 않는다. 본문에 대한 기본적인 연구는 필수이고 깊은 묵상(고뇌)과 상상력(성령에 의한 몰입)이 필요하다. 그러한 숙성과 인고의 과정을 거쳐 깊은 맛을 내는 설교가 밥상에 올려져 내어지는 것이다.

■설교의 덩어리 빚기(단기, 중기, 장기계획)

빵을 만드는 제빵사들이 밀가루 반죽을 하고 그 덩어리들을 날짜에 따라서 미리 만들어 놓고 〈숙성〉하는 시간을 가진다. 빵이 필요할 때마다 반죽을 하는 것이 아니라 필요한 빵의 수량을 예측하고 계획에 따라 필요한 덩어리를 사전에 준비한다. 설교도 마찬가지이다.

지혜로운 목사는 닥치면 닥치는 대로 설교를 만들지 않는다. 목회라는 것이 장기 레이스이고 그 안에서 설교계획도 나름의 큰 그림을 가지고 들어가야 한다. 한 교회에 목사가 부임하면 교회를 은퇴하거나 사임하게 될 때까지 설교는 끊임없이 계속된다.

내가 적었던 책(감동적인 수련회로 업그레이드)[1]에서도 했던 말이다. 청소년들이 캠프(수련회)를 매력적으로 느끼지 않는 이유가 무엇인가? 매년 강사만 바뀌고 나머지는 똑같기 때문이다. 수련회의 주제는 명목상의 주제일 뿐이고 그 주제가 강사와 프로그램에 실현되지 않으니 따분하고 지겨운 수련회가 되는 것이다.

설교라는 것도 자칫 지루해질 가능성이 많은 사역 중의 하나이다. 10년을 사역한다고 치면 10년을 똑같이 기계적으로 설교하는 것이 아니라 가장 짧게는 일 년 단위로, 중간 단계로는 3년, 길게는 10년 단위로 끊어서 설교에 대한 큰 그림(덩어리)을 가

---

1) 박정엽, 『감동적인 수련회로 업그레이드』, 서울: 드림북, 2024.

지고 들어가야 한다. 일 년 단위로는 교회의 한 해 주제와 표어에 기초해서, 거기에 목회력과 함께 설교의 큰 덩어리를 정하고 그 안에서 때마다 작은 빵(설교)을 만들어 내야 한다.

〈단기 중기 장기 설교계획표〉

10년 장기주제	성장하고 부흥하는 교회		
3년 주제	복음으로 무장한 그리스도인	한 몸된 교회	지역을 향한 전도와 섬김
1년 분기별	예배	말씀과 기도	교제	나눔

성도들에게 우리 목사님이 나름의 주제와 목적을 가지고 계획적으로 설교가 진행되고 있다는 것을 보여주어야 한다. 이렇게 큰 그림을 가지고 준비하는 것이 아무것도 아닌 것 같아도 시간이 가면 갈수록 큰 차이를 낸다.

성경이 영적인 양식이라면 골고루 먹어야 한다. 설교자가 좋아하는 본문과 주제만 계속해서 다룬다면 성도들이 편식에 시달려 영적인 영양부족에 빠질 수 있다. 내가 아는 작은 교회 목사님은 4년째 방문하고 있는데 아직도 시편 설교를 하고 계신다. 왜냐하면 그 목사님이 시편애찬론자이기 때문이다. 그 교회 성도님들은 성경에 시편만 있다고 생각하시지 않을까?

목사님에 따라서는 성경전권을 차례로 설교하시는 분도 있고 교리를 차례로 풀어 가시는 분도 계시다. 그것도 어떻게 보면 나름의 주제를 가지고 설교를 풀어가는 과정이기 때문에 동의한다. 문제는 아무런 계획(단기, 중기,장기)도 없이 닥치는 대로 본문을 정하고 설교해서는 안 된다는 말이다.

■설교의 우선순위(오전/오후예배, 수요/금요기도회, 새벽기도회)

작은 교회 목사님들이 혼자서 모든 설교를 해야 하기 때문에 지혜가 필요하다. 한 주간 감당해야 하는 9~10번의 설교를 똑같은 수준으로 준비하기는 물리적으로 힘들다.

큰 교회는 사역자들이 많아서 설교가 나누어지고 모든 예배에 양질의 설교로 성도들이 만족할 가능성이 많다. 부산에 위치한 한 교회는 담임목사님이 부재중이신데도 부교역자 10분이 서로 짐을 나누고 열심히 준비하셔서 매번 예배 때 담임목사님의 공석이 느껴지지 않을 정도로 은혜를 끼친다. 이것이 바로 팀사역의 힘이다. 그런데 작은 교회는 아무리 돌아봐도 혼자이다. 그래서 설교에 분명히 선택과 집중이 필요한 것이다.

내가 섬겼던 전포교회 담임목사님은 부임하시고 대예배설교나 새벽기도회를 똑같은 수준으로 최선을 다해 준비하고 똑같은 은혜를 끼쳤다. 때로는 새벽기도회에 부흥회와 집회 이상으로 은혜를 끼치기도 하셨다. 새벽에 죽먹으러 왔는데 한정식과 오마카세가 나온 경우가 아닌가? 성도들은 너무나 좋아했다. 문제는 목사님이 모든 예배에 그 설교의 수준을 유지하고 성도들을 만족시키기 위해 잠을 안자고 밤을 새서 설교를 준비하다보니 그로 인해 건강에 적신호가 켜지기 시작했다. 목회는 마라톤이다. 100m 단거리 달리기가 아니다. 수많은 설교에 힘을 안배하는 것이 너무나 필요하다.

오전예배

교회의 모든 예배는 다 소중하다. 하지만 그 중에 주일 오전예배가 가장 중요하다. 왜인가? 성도들이 가장 많이 참석하고 주일만 오시는 분들이 대부분이기 때문이다. 이번 주에 예배에 참석하지 못해서 은혜를 못 받으면 그 성도는 14일 동안 은혜 없이 살아가야 한다. (다른 은혜의 통로가 없다면)

또한 성도들이 새신자를 전도하고 데려오는 예배가 대체적으로 오전예배이다. 목사님들은 오전예배에 하나의 본문을 가지고 투트랙(two track)으로 기존의 성도들에 대한 메시지와 함께 새신자에 대한 메시지도 준비하고 있어야 한다. 그렇다면 당연히 복음설교이어야 하고 아니면 복음적 내용을 부분적이라도 설교에 담고 있어야 한다. 복음설교는 교회는 오래 다녔지만 회심하지 못한 기존신자(문화적 그리스도인)를 도전하고 새롭게 하는 계기로 쓰임받기도 한다.

　오전예배 설교는 수요/금요기도회나 새벽기도회 설교에 비해 3~4배의 힘과 준비, 정성이 들어가야 한다. 홍민기 목사님에 의하면 작은 교회의 오전예배는 목사님들이 안타 정도 쳐서는 안 되고 매번 홈런을 쳐서 성도들의 입에서 와~ 소리가 나올 정도로 감동과 은혜를 끼쳐야 한다고 한다. 작은 교회 목사님은 주중에 여러 예배가 있어도 우리 교회는 이 오전예배 하나뿐이다. 이러한 마음가짐으로 오전예배설교에 최선을 다해서 준비해야 할 것이다. 그만큼 오전예배가 중요하다!

　보통 목사님들이 주일 설교를 다 마치면 월요일은 쉬시고 수요일까지 수요예배를 준비한다. 그리고 목요일 쯤 주일 오전에

배 본문을 정하고 금요일 주해와 기본적인 묵상을 하고 토요일 주보작업을 하면서 설교 준비를 마치는 경우를 본다. 그런데 이런 패턴으로 준비하면 간혹 목사님들이 겪는 어려움이 있다. 토요일 갑자기 수도관이 터진다든지, 교회에 전기가 안 들어온다든지 이러 저런 급한 일을 처리하다가 제대로 설교 준비에 집중하지 못하고 있는 상황에서 설상가상으로 또 분문이 난해해서 생각보다 수월하게 풀리지 않고 그 문제를 가지고 토요일, 이 밤의 끝을 잡고~ 주일 새벽까지 밤이 새도록 고뇌하는 경우도 종종 있다. 졸지에 주일은 성도들에게 말씀의 〈죽〉이 나오는 것이다. 토요일은 목사님들이 생각한 대로 결코 시간이 굴러가지 않는다.

그래서 가능하면 주일 설교를 마치고 설교마인드가 제일 활성화되어 있을 때 그 날 저녁에 다음 주 본문을 가지고 아웃라인을 대체적으로 잡아라! 그리고 무슨 일이 있더라도 빠르면 목요일, 아무리 늦어도 금요일에는 주일오전설교원고를 마쳐야 한다. 그리고 토요일은 다 준비된 설교문을 보면서 성령의 임재를 위해 기도하고 객관적으로 제3자의 입장에서 청중의 입장에서 반복, 수정, 보완하면서 완성도를 올려가야 한다.

오후예배

오후예배는(찬양예배라고 명칭을 바꾸기도 하지만) 원래 그 시작이 저녁예배에 있다. 새벽부터 저녁까지 온종일 주님을 찬양하고 예배하며 주일을 성수한다는 의미였다. 지금은 소수의 교회만이 저녁예배가 있고 대부분은 점점 시간이 당겨져서 빨리 드리는 교회는 1시 반에도 오후예배를 드린다. (좀 더 솔직하게 말하자면 빨리 마치고 집에 가야 한다는 마음이 아닐까?) 그래서 더더욱 오전예배와 함께 중복된다는 느낌이 늘 있다.

코로나 이후 오후예배를 없애고 구역이나 목장모임으로 전환된 교회도 제법 있다. 하지만 오래된 시골 교회 일수록 전통적으로 오후예배를 고수하는 경향이 있다. 한국교회의 설교는 선포적인 측면이 많다. 그래서 한국교회에 정작 필요한 것은 선포로서의 말씀 못지않게 교육적 기능(양육, 제자훈련, 나눔)으로서의 말씀이라고 생각한다.

그러므로 오후예배는 오전예배의 축소판이나 단순중복이 아닌 교육적 기능을 강화하여 성품설교, 세계관강의, 크로스웨이 성경공부, 교리특강, 성경지리 등으로 주제가 있는 다양한 형태의 설교를 할 필요가 있다. 또한 평생 설교단에 서보지 못하는 성도님들이 하나님을 만나게 된 계기, 신앙생활을 하면서 하고 싶은 말, 5분 스피치 등의 시간을 제공해 성도들도 오후예배에는 주도적으로 참여하게 하는 기회를 제공하라.

오광석 목사님이 섬기는 김해사랑빛교회는 오전 말씀을 가지고 오후시간에 성경공부교재를 만들어 질문과 답의 형식으로 다시 한번 오전의 말씀을 되새김질을 한다. 그리고 주일 말씀 요약지(구역나눔지) 속에 있는 나눔을 위한 질문 3-4가지를 가지고 주중 구역모임(금요일)에서 그 말씀대로 살았는지를 다시 점검하고 확인한다. 단순한 반복이 아니라 일종의 말씀의 〈심화학습〉이다. 말씀이 성도들의 삶으로 깊숙이 체화되도록 한다는 점에서 선포와 교육과 삶으로서의 적용이 함께 하는 일관성을 가진 효과적이고 의미있는 형태라고 볼 수 있다.

수요예배(수요기도회)

우스갯소리로 예수님이 언제 오시는가? 바로 폭풍 치는 날 수요예배 마치고 오신다고 한다. 그만큼 주중에 피곤한 사회생활 가운데 회사 마치고 집에 가서 눕고 싶은데 저녁도 포기하고 예배드리러 오는 성도들이 귀하다는 의미일 것이다. 수요예배는 교회에서 헌신된 성도들이 대부분 자리를 지킨다. 오전예배 다음으로 중요한 예배가 있다면 수요예배라고 생각한다. 그런 의미에서 수요예배는 세상 가운데 살아가는 성도들이 주님의 위로와 용기로 승리하도록 권면하고 격려하는 내용으로 도전하라!

금요기도회

요즘 추세는 수요예배가 수요기도회와 합쳐지는 추세로 간다. 그러함에도 시골교회는 금요기도회를 고수하고 있는 곳이 많은데 새벽기도회는 조용히 개인적으로 기도하는 시간이라면 금요기도회는 교회가 공동체적으로 합심하여 기도하고 통성으로 부르짖는 시간이다. 이 때 설교는 성도들이 왜 기도해야 하고 기도에 어떻게 집중하며 그 결과로 어떤 응답을 받는지에 관한 본문을 택하여 설교하는 것이 필요하다. 가장 불이 붙어야 하는 예배가 금요기도회가 아닐까? 또한 금요기도회는 설교 전후 그 설교와 맞는 찬양으로 깊은 기도로 들어가도록 하는 배려도 필요하다. 기도에 관련된 적절한 설교와 거기에 딱맞는 찬양은 성도들을 기도에 더 몰입하게 한다.

새벽기도회

새벽기도회 설교는 복잡하거나 어렵게 설교 할 필요가 없다. 새벽기도회는 말 그대로 성도들이 기도에 집중하도록 담백하고 선명하게 본문의 해석 위에 하나의 주제(적용)만을 던져드리면 된다. 새벽기도회에 너무 힘을 많이 쏠 필요는 없다. 그 힘을 아껴서 주일 예배에 집중하도록 하자! 새벽기도회 분문은 매일성경이나 연속 본문으로 진행하면 좋다. 매번 본문을 선택하는 것도 쉬운 일이 아니다. 이미 본문이 정해져 있으면 기본적인 배경과 본문이해에 기초해 있기 때문에 수월하게 설교를 준비할 수 있다.

〈설교준비에 쓰이는 시간의 안배〉

	기존 → 변화	
오전예배	30%	50%
오후예배	20%	10%
수요예배	20%	20%
금요기도회	10%	10%
새벽기도회	20%	10%
합계	100%	100%

■설교에 담아라(목회철학, 교회의 방향성)

설교는 양면성을 가지고 있다. 목사에게 평생의 부담이면서도 하나님께서 주신 사역의 귀한 도구임에 틀림없다. 명설교로 인정받는 목사님들의 설교를 분석해 보면 꼭 두 가지가 담겨 있다. 하나는 적절한 적용이다. 성도들이 교회와 세상에서 어떻게 살아야 하는가에 대해서 본문이 그 상황에 깊숙이 들어가도록 인도한다. 그리고 또 하나가 목사님의 평생의 목회철학과 교회가 나아가야 할 방향성을 담는다는 것이다.

그러면 이렇게 이야기하는 분이 계실 것이다. 설교가 본문의 뜻을 잘 해석하면 되지 굳이 거기에 다른 것을 담는다는 것이 다분히 의도적이지 않는가?

하지만 예수님도 늘 말씀에 비유와 일상을 이야기하시면서 하나님 나라와 천국을 주지하면서 설교하셨다. 바울은 수많은 서신서를 적으면서도 주님의 몸 된 교회 공동체가 어떠해야 하고 교회가 어떤 목적과 방향으로 나아가야 하는지에 대해 역설했다. 다시 말해 설교는 우리 성도들의 삶에 관점과 통찰을 제공하고 교회에게는 나침반과 내비게이션과 같은 공동체의 방향성을 제시한다. 성도들은 우리 교회가 어디까지 왔고 어디를 지나며 어디로 가야 하는지를 확인받고 싶어 한다. 그 부분을 목사님이 본문으로 녹여낸 설교로 감당해야 하는 것은 너무나 당연한 일이다.

■설교메시지의 균형(밸런스)

전도사의 설교와 초보설교자에게서 자주 나타나는 경향이다. 한마디로 〈치는 설교〉이다. 한국교회의 연약과 타락(?)에 대한 비장감, 명분, 당위성으로 충만해 있을 때 말씀의 칼이 설교단에서 사정없이 휘둘러진다.

예를 들면 의사가 메스(칼)를 들고 응급수술을 시작했는데 배를 열고 피는 흐르는데~ 그렇게 하다가 중단하고 나가버린다고 생각하면 어떻겠는가? 수술은 여는 것도 중요하지만 꿰매고 닫는 것도 반드시 있어야 한다. 그래야 완벽한 수술이 되는 것이다.

이것이 설교의 균형(balance)이다. 설교는 완고한 심령을 말씀의 칼[2]로 쳐서 하나님의 준엄한 심판의 음성이 천둥처럼 울려야 할 때가 있다. 하지만 하나님은 공의의 하나님이시면서 사랑의 하나님이시다.

아빠가 종아리를 때리면 엄마가 안티푸라민을 발라준다. 설교가 치는 것만 있고 위로하고 품는 것이 없다면 그 설교는 너무나 냉혹하고 숨 쉴 수 없는 설교가 될 것이다. 선지서가 하나님의 심판을 이야기하지만 결국 돌아오기를 원하는 하나님의 애절한 사랑에 기초하고 있다. 설교는 두 요소(공의와 사랑)를 반드시 가지고 있어야 한다.

탁월한 설교자 브라이언 채플 목사님이 목회를 하다가 어느 순간부터 성도와 교회가 정체하는 느낌을 받았다. 성도들에게 하나님의 말씀대로 살아야 한다고 열심히 도전하고 몰아부쳤지만 성도는 변하지 않고 율법적으로 교회가 나아가는 것 같았다. 그 때부터 브라이언 채플 목사님이 오랜 시간 고민하다가 율법적 도전이 아니라 하나님의 은혜에 대해서 다시 집중적으로 설교하기 시작했다. 그런데 그 때부터 막혀있던 목회가 열리고 성

---

2) 히4:12 하나님의 말씀은 살아 있고 활력이 있어 좌우에 날선 어떤 검보다도 예리하여 혼과 영과 및 관절과 골수를 찔러 쪼개기까지 하며 또 마음의 생각과 뜻을 판단하나니

도가 변화되기 시작했다고 한다.

목사님들은 스스로의 설교가 편향되어 있지 않은지 늘 점검해 보아야 한다. 내가 좋아하는 한 쪽 면만의 하나님만 설교하지는 않는지, 나의 관점만 일방적으로 주장하지는 않는지 말이다. 설교자는 성도와 교회의 상태를 진단하면서 그에 적절한 말씀으로 섬기되 몰아가는 것이 아니라 출구를 열어주는 자세를 늘 견지해야 한다.

목사님들의 사역연수가 쌓이면 쌓일수록 목사님들의 설교가 행위중심적이고 율법적으로 변한다. 무언가를 해야, 헌신해야, 고생해야 하나님이 우리를 도우시고 은혜를 주시고 복을 주시고 천국에 들어가게 하시는 것처럼 말이다. 성도로서 마땅히 살아야 할 삶이 있지만 잘못된 의도와 편협한 사고로 말씀을 적용하게 되면 자칫 말씀으로 성도를 협박하게 될 수도 있다. 그런 설교에는 절대 자유함이나 은혜가 자리 잡을 수 없다.

율법이 아니라 은혜를 강조하라! 동화 이야기가 있다. 태양과 구름이 누가 먼저 나그네의 외투를 벗기나 내기를 한다. 구름이 바람을 세게 불어서 나그네의 옷을 벗기려 하지만 도리어 더 옷을 껴입고 놓지 않는다. 그때 태양이 따뜻한 햇볕과 열기를 비추면서 나그네가 자연스럽게 옷을 벗는다. 우리 목사님들의 설교에 율법의 비바람을 멈추고 은혜의 태양을 비추게 하라~!

■설교원고의 효율적인 작성법(마인드맵의 활용)

목사님들은 다 나름의 설교원고 작성법이 있다. 나도 전도사 때는 일일이 타이핑을 쳐서 그 원고를 다 인쇄해서 설교했다. 그런데 어느 순간부터 설교를 매일 자주 많이 해야 하는 상황에서 좀 더 효율적으로 설교원고를 작성하는 방법이 없을까 고민하다가 발견한 방법이 마인드맵[3]으로 설교원고를 작성하는 것이었다.

도화지 하나를 준비하고 그 중앙에 말씀과 제목을 적고 핵심 주제의 가지를 그려가면서 대지를 전개하며 설교를 준비한다. 노트북이나 컴퓨터로 작성하고 싶은 분들은 무료로 사용가능한 마인드맵 프로그램도 있다. 마인드맵의 장점은 다음과 같다.

---

3) 마인드맵(mind map)은 마치 지도를 그리듯이, 줄거리를 이해하며 정리하는 방법이자 '생각을 정리하는 기술'이다. 마인드맵은 방사형 그림으로 나열한 계층 구조이며 전체의 조각들 간 관계를 표시하고 정리하는 과정이다

1) 종이 한 장이면 충분하다.

2) 한 면에 내용이 다 있어 매번 원고를 넘길 필요가 없다.

3) 설교원고 작성 시간이 대폭 절약된다.

4) 원고를 수정하거나 보완할 때 편리하다.

5) 핵심주제를 놓치지 않으면서 설교할 수 있다.

6) 기승전결의 흐름에 따라 설교를 전개할 수 있다.

7) 머릿속에 그림이 그려지기 때문에 복습과 암기가 쉬워진다

마인드맵으로 설교준비가 익숙해지는데 시간이 조금 걸리기는 하지만(3개월~6개월) 한번 배워놓으면 평생에 설교 작성에 너무나 유익한 방법이다. 작은 교회 목사님들에게 강력히 추천한다.

그리고 설교를 할 때 무조건 원고를 100% 암기해서 성도와 눈을 맞추면서 설교하는 것이 이상적이기는 하다. 그런데 작은 교회 목사님들의 상황에 수많은 설교를 다 그렇게 암송하기는 쉽지 않고 나이가 들수록 암기력은 떨어진다. 도리어 암송할 시간에 설교의 묵상과 연구에 시간을 더 할애하고 내용적으로 깊이를 더하는 것이 낫다고 생각한다. 적절한 선에서 내용을 숙지하고 성도와 적당히 눈을 맞추면 된다.

＜ 사천꽃밭교회 문경구 목사님 마인드맵 설교＞

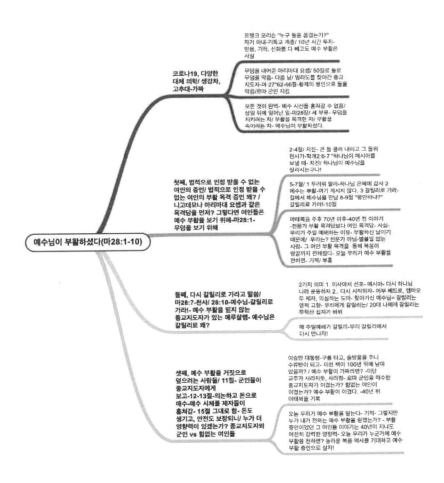

예수님이 부활하셨다(마28:1-10)

코로나19, 다양한 대체 의학/ 생강차, 고추대-가짜

- 프랭크 모리슨 "누구 돌을 옮겼는가?" 자기 아내-기독교 개종/ 10년 시간 투자- 믿음, 기적, 신화를 다 빼고도 예수 부활은 사실
- 무덤을 내어준 아리마대 요셉/ 50킬로 돌로 무덤을 막음- 다음 날 빌라도를 찾아간 종교 지도자-마 27"62-66절-황제의 봉인으로 돌을 막음/로마 군인 지킴
- 모든 것이 완벽- 예수 시신을 훔쳐갈 수 없음/ 삼일 위에 일어난 일-마28장! 세 부류- 무덤을 지키려는 자/ 부활을 목격한 자/ 부활을 속이려는 자- 예수님이 부활하셨다

첫째, 법적으로 인정 받을 수 없는 여인의 증언/ 법적으로 인정 받을 수 없는 여인의 부활 목적 증언 왜? / 니고데모나 아리마대 요셉과 같은 목격담을 먼저? 그렇다면 여인들은 예수 부활을 보기 위해-마28:1- 무덤을 보기 위해

- 2-4절/ 지진- 큰 돌 굴러 내리고 그 돌위 천사가-학개2:6-7 "하나님이 메시야를 보낼 때- 지진/ 하나님이 예수님을 살리시는구나!
- 5-7절/ 1 두려워 말라-하나님 은혜에 감사 2 예수는 부활-여기 계시지 않다. 3 갈릴리로 가라- 길에서 예수님을 만남 8-9절 "평안하냐?" 갈릴리로 가라-10절
- 마태복음 주후 70년 이후-40년 전 이야기 -전문가 부활 목격담보다 여인 목격담- 사실- 우리가 주로 예배하는 이유- 부활하신 날이가 때문에/ 우리는? 전문가 아냄-별볼 일 없는 사람- 그 여인 부활 목격을 통해 복음이 땅끝까지 전해졌다- 오늘 우리가 예수 부활을 전하면- 기적/ 부흥

둘째, 다시 갈릴리로 가라고 말씀/ 마28:7-천사/ 28:10-예수님-갈릴리로 가라! - 예수 부활을 믿지 않는 종교지도자가 있는 예루살렘- 예수님은 갈릴리로 왜?

- 2가지 의미 1. 이사야서 선무- 메시아- 다시 하나님 나라 운동하자고 2. 다시 시작하자- 여부 베드로, 엠마오 두 제자, 의심하는 도마- 찾아가신 예수님은- 갈릴리는 영적 고향- 우리에게 갈릴리는 / 20대 나에게 갈릴리는 무학산 십자가 바위
- 매 주일예배가 갈릴리-우리 갈릴리에서 다시 만나자!

셋째, 예수 부활을 거짓으로 덮으려는 사람들/ 11절- 군인들이 종교지도자에게 보고-12-13절-의논하고 돈으로 매수-예수 시체를 제자들이 훔쳐감- 15절 그대로 함- 돈도 생기고, 안전도 보장되니/ 누가 더 영향력이 있겠는가? 종교지도자와 군인 vs 힘없는 여인들

- 이승만 대통령-구름 타고, 흘방울을 주니 수류탄이 되고- 이런 책이 100년 뒤에 남아 있을까? / 예수 부활이 가짜라면? -이단 교주가 사라지듯, 사라짐- 로마 군인을 매수한 종교지도자가 이겼는가? 힘없는 여인이 이겼는가? 예수 부활이 이겼다. -40년 뒤 마태복음 기록
- 오늘 우리가 예수 부활을 믿는다- 기적- 그렇지만 누가 내가 전하는 예수 부활을 믿겠는가? - 부활 증인이었던 그 여인들 이야기는 40년이 지나도 여전히 강력한 영향력- 오늘 우리가 누군가에 예수 부활을 전하면? 놀라운 복음 역사를 기대하고 예수 부활 증인으로 살자!

< 사랑과 은혜교회 정원준 목사님 마인드맵 설교 >

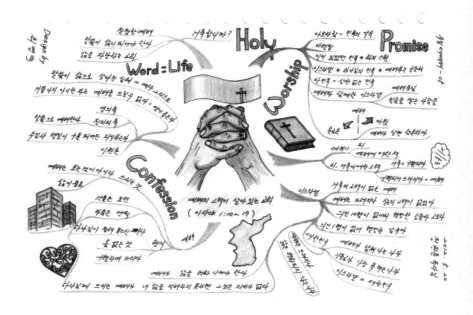

▦ 설교의
   맛을 내다

기독교 공동체를 위한 설교의 주요 식단은 강해 설교가 되어야 한다. 강
해 설교야말로 성경 전체가 참되다는 확신을 나타내고 전달하는 가장 좋
은 방법이다.

- 팀 켈러

■청중(성도)의 변화

목회환경이 변하고 있지만 그 중에 목사들이 가장 주목해야 할 핵심적인 지점이 있다. 바로 성도들의 변화이다. 예전에는 목사님들이 가장 공부를 많이 한 편에 속했고 어떤 말씀에도 교인들이 목사님의 권위를 인정하며 절대 순종하는 편이었다.

이제는 성도들도 학력이 높고 혼자서 신학이나 성경을 공부하는 분들도 많아졌다. 내가 교제하는 선생님은 헬라어, 히브리어, 독어, 영어를 자유자재로 구사하시고 신학서적을 원문으로 보신다. 신학이나 성경이 이제는 목사들만의 전유물이 아니다.

성도들이 목사님들의 다양한 설교에 너무 쉽게 접근가능하다. 인터넷으로, SNS로, 유투브로 전국의 모든 설교자들의 설교가 공개된다. 예전처럼 인터넷과 휴대폰이 없던 시절에는 본인 교회 목사님의 말씀을 접하는 기회를 빼고는 부흥회에 가거나 설교집을 읽는 정도였다. 이제는 정말 탁월한 목사님의 설교를 휴대폰만 열면 언제든 어디서나 24시간 듣고 은혜 받을 수 있다.

이제는 목사님들의 지루한 설교, 딱딱한 설교, 호통 치는 설교, 내용 없는 설교, 무미건조한 설교로 성도들의 영혼과 마음을 사로잡기가 힘든 시대이다. 목사님들도 입장을 바꾸어 다른 목사님들의 설교를 들을 때 깊은 묵상에 기초한 해석, 논리적 전개가 탁월하고 유머와 위트가 있으며 적절한 적용과 스피치가 뛰어난 분들을 선호하지 않는가? 성도들도 마찬가지이다. 음식에 맞은 기본이고 멋(디스플레이)도 중요한 요소 중의 하나이다.

성도의 변화에 맞추어 이제는 목사의 설교도 변화해야 한다. 청중들이 잘 이해하기 위해서 내용이 좋아야 하는 것은 기본이고 짜임새 있는 탄탄한 구조, 커뮤니케이션의 개발, 공감각적인 설교로 성도들의 마음속에 선명하게 들리고 그려져야 한다. 또한 적용이 구체적이고 현장성이 있어서 성도의 삶에 도전을 주어야 한다.

작은 교회를 섬기시는 목사님들에게 부담을 드려서 죄송하다. 진리는 변하면 안 되겠지만 시대가 변하고 사람이 변하니 교회는 성도를 품고 섬기는 곳임으로 그에 따라 목사님들의 설교가 유연하게 변화되고 넓어져야 할 것이다.

■성도들이 좋아하는 설교의 유형(논리, 반전, 상황화)

이 시대의 성도들은 어떤 설교를 좋아할까? 박영재 목사님은 이 시대에 청중들이 요구하는 설교에 대해서 다음과 같이 언급했다.[1] 쉽고 간결하다. 선명하다. 주제가 좁고 깊은 터치가 있다. 흐름이 자연스럽다. 감동과 재미가 있다. 연속성과 역동성이 있다.

좀 더 축약하자면 성도들이 좋아하는 설교의 유형은 세 가지 정도라고 볼 수 있다.

---

1) 박영재, 『원포인트로 설교하라』, 서울: 요단출판사, p. 25~29.

- 근거중심의 논리적인 설교
- 흐름(반전)에 의한 감동과 재미가 있는 설교
- 상황화(다리놓기)를 통한 삶의 변혁을 도전하는 설교

근거중심의 논리적인 설교(지성)

호통치고 윽박지른다고 성도들이 은혜 받는 시대는 끝났다. 설교에 정연한 논리적 전개가 있어야 성도들은 설득 당한다. 이에 대한 대표적 학자가 크래독(Fred B. Craddock)이다. 한국교회에서 너무나 보편적인 삼대지 주제설교(연역적 설교)가 귀납법적 설교로 변화하는데 지대한 영향을 끼쳤던 학자이다.

기존의 한국교회의 연역적 설교는 목사가 권위적으로 주제를 일방적으로 논증하는 형태라면 귀납적 설교는 청중들을 하나님 말씀의 여행에 함께 하는 파트너로 존중한다. 그리고 설교의 전개와 그 움직임 가운데 참여시켜 말씀의 결론에 함께 도달할 수 있도록 배려한다. [2] 목사는 청중과 시대의 변화를 감지하며 논리가 실종된 설교에서 청중들이 익숙하고 편안하게 들려지도록 근거중심의 설교가 되도록 노력해야 한다.

---

2) Fred B. Craddock, Over hearing the Gospel, Chalice Press 2002, p. 62.

나무가 물에 젖어 있으면 아무리 불을 붙이려 해도 불이 붙지 않듯이 설교가 타당한 근거와 논리성을 가지고 있어야 다음 단계, 깨달음과 감동, 결단으로 나아갈 수 있다.

흐름(반전)에 의한 감동과 재미가 있는 설교(감성)

왜 드라마나 만화책, 영화가 재미있는가? 뻔하지 않다. 다끝 났다라고 생각할 때 반전이 있고 처음에 스쳐갔던 하나의 사건 이 숨겨진 복선이 되어 새로운 장면으로 전개된다. 지루할 틈을 주지 않는다. 반면 목사님들의 설교가 너무나 뻔해서 성도들이 주보의 본문과 제목만으로 이미 다 예상하고 있다. 그 근본적인 이유는 다름 아닌 너무나 평이한 전개에 있기 때문이다. 팀 켈 러는 설교란 모름지기 듣는 이의 관심과 생각을 사로잡아야 하 고 마음을 파고드는 강렬함이 있어야 한다고 말한다.[3]

건조하고 식상한 설교에서 반전과 전환의 이야기가 있는 내 러티브 설교를 주장했던 대표적 학자가 로우리(Eugene Lowry)이 다. 좋은 설교는 반드시 흐름(process)을 가지고 있어야 하는데 문 제점에서 해결로, 가려움에서 긁어줌으로 옮겨지는 연결고리가

---

3) 팀켈러, 『팀켈러의 설교』, 서울: 두란노, 2016, p. 239.

설교의 형태로 필요하다고 주장한다.[4]

놀이동산의 롤러코스트처럼 높낮이가 변화되면서 때로는 360도 회전도 한다. 기계체조나 다이빙에서 선수들이 일직선으로 진행하거나 낙하할 때 회전하거나 턴의 변화를 통해서 목적지에 도달한다. 마찬가지로 설교자가 본문을 꼬우기(환기)와 뒤집어짐(반전)의 흐름(기승전결)을 통해 기대함을 상실한 청중들을 몰입시키고 더 깊이 본문의 의도로 나아가도록 해야 한다. 같은 본문이라도 어떻게 기승전결을 구성하여 흐름을 가지느냐에 따라 전혀 색다른 설교가 될 수 있다.

설교의 고수일수록 본문의 전개와 흐름을 자유자재로 구사한다. 대형집회 강사들을 보면 우리 교회에서 늘 들었던 똑같은 본문을 가지고 뻔하지 않게 색다르고 접근하여 결론으로 인도한다. 그 과정가운데 놀라기도 하고 미소 짓기도 하고 눈물 흘리기도 하고 웃기도 하고 박수를 치기도 하며 어느새 결론에 도달해 있다. 본문을 붙잡고 마구 흔들어라! 예상치 못한 감동과 재미의 열매들이 우수수 떨어질 것이다.

---

4) 유진. L. 로우리, 『이야기식 설교구성』, 이연길 역, 서울:한국장로교출판사, 1996, p. 35.

상황화(다리놓기)를 통한 삶의 변혁을 도전하는 설교(의지)

설교의 최종적 목적지, 성도의 삶을 변화시키기 위해서는 본문이 무엇을 의미하는가를 넘어서 이 의미가 청중의 삶에 어떻게 적용되어야 하는가로 반드시 나아가야 한다.

목사님들이 본문을 가지고 이 원어, 문법의 구조, 문맥을 설명하고 이 사건이 어떤 의미였는지, 거기에서 주제를 도출하여 오늘날의 성도들이 어떻게 하나님의 뜻대로 살아야 하는지를 도전하신다. 그런데 신학적 용어가 생소하고 그 사건이 수천 년이 지난 오늘날 내 삶의 상황과 무슨 <연관성>[5]이 있는지가 와 닿지 않는다. 여기에서 적확한 적용으로 가기 위한 두 가지의 단계가 필요하다.

---

5) 연관성은 최근 현대설교학에서 가장 중요한 주제 중 하나로 집중적으로 토의되고 있다. 연관성은 성경이라는 오랜 시간을 거쳐 온 텍스트를 오늘날의 상황과 연결하는 단계를 말한다. 좋은 설교는 현대를 사는 우리가 왜 몇 천 년 전에 쓰인 본문을 들어야 하고, 그것이 우리의 삶과 어떻게 연관되는지 보여준다. 권호, 임도균,『최상의 설교』,서울: 아가페, 2024, p. 24~25.

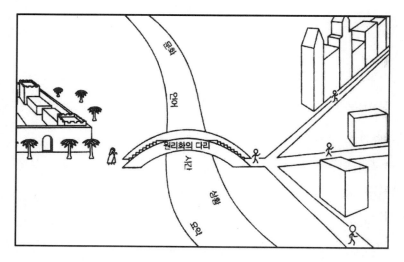

첫 번째는 원리화의 다리[6] 를 건너는 것이다.

영감된 성경의 저자들이 그 책을 기록했을 때는 그 시대의 청
중을 넘어서 미래 그리스도인에게도 의미 있는 것이 되도록 의
도했을 것이다. 그 의미가 우리에게 오는 것을 방해하는 것이 무
엇인가? 그림에서 강이 흐르고 있다. 강이란 시간의 경과와 문
화와 언어의 변화로 생겨난, 하나님의 말씀을 소통을 방해하는
것을 말한다.[7] 이것을 해결하려면 성경의 세계와 현대 세계 사
이의 간극을 잇는 다리를 놓을 수 있어야 한다. 다리가 강이나

---

6) J. 스코트 듀발, J. 다니엘 헤이즈, 『성경해석』, 류호영 역, 서울: 성서유니온선교
   회, 2009, p. 279.
7) 다니엘 도라아니, 『적용, 성경과 삶의 통합을 말하다』, 정옥배 역, 서울: 성서유
   니온선교회, 2009, p. 28.

협곡 이편에서 저편으로 다닐 수 있게 해 주듯이, 설교는 계시된 하나님의 진리가 성경에서 나와 오늘날 사람들의 삶으로 흘러들어 가도록 해주어야 한다.[8] 이 다리에 대한 이해와 다리놓기의 기술이 적확한 적용으로 가는 설교의 핵심 중의 하나이다.

두 번째는 팀켈러[9]의 상황화에 주목해야 한다.

팀켈러는 종교언어의 한계를 극복하기 위해서 상황화된 언어를 써야 하고 지금 이 시대의 문화 속에서 살아가는 사람들이 누구나 다 알아들을 수 있게 그들의 언어와 예화로 복음을 설명해야 한다고 한다. 진리를 손상시키지 않으면서도 청중이 잘 이해되고 설득되도록 메시지를 조정하는 것 그것이 상황화(Contextualism)이며 설교의 상황화가 잘 실천될 때 청중을 깨닫게 하고 변화시킨다.

본문에 관한 깊은 연구를 통해 깨달은 주제와 의미가 수천 년의 간격을 흐르는 강 위에 놓인 원리화의 다리를 넘어 우리 시

---

8) 존 스토트, 그레그 샤프, 『존스토트의 설교』, 박지우 역, IVP, 2013, p .79.
9) 팀 켈러(Timothy J. Keller, 1950-)는 리디머교회(Redeemer Presbyterian Church)의 설립 목사이며 2008년부터 지금까지 20여 권의 책을 출간한 작가이며 목회자이다.

대의 문화 속으로 들어와 상황화된 설교로 성도의 삶이 적용되고 변혁되도록 도전해야 한다.

■전인을 변화시키는 강해설교가 강해~!

탁월한 설교는 지, 정, 의, 곧 전인을 변화시키는 설교이다. 머리만을, 가슴만 때리는 설교도 아니다. 하나님의 뜻이 머리에서 가슴으로 내려와야 하고 우리의 의지인 손과 발을 움직이게 해야 한다. 김관성 목사님은 한국 교인들의 정서적 특징은 바른 이야기를 들었을 때가 아닌 감동이 있을 때가 삶이 움직인다고 보신다. 논리만 강조하면 건조해지는데 설교의 후반부에 와서는 본문이 내용에 근거해서 성도들의 마음에 울림을 줄 수 있는 전달을 해야 한다고 말한다.[10] 논리적이면서도 감동적인 설교가 성도를 움직이고 결단하게 한다.

여러 형태의 설교가 있지만 앞에서 언급했던 논리(크래독), 흐름(로우리), 상황화(팀켈러), 이 세 가지를 종합적으로 구현할 수 있는 설교는 〈강해설교〉라고 생각한다. 기존의 주제설교에서 삼대

10) 김관성, 최병락, 『목회멘토링』, 서울: 두란노, 2022, p. 144.

지를 아무리 잘 배치하여도 흐름이 자연스럽지 않고 교리 설교
는 이미 성경을 조직신학적으로 구조화해 놓았기 때문에 본문
의 상황 속으로 깊숙이 들어가 본문을 풍성하게 풀어내는 데에
는 한계를 가진다.

따라서 강해설교야말로 이 모든 요소를 적절히 배합하여 전
인을 변화시킬 수 있는 가장 성경적이고 가장 효과적인 설교라
고 볼 수 있다. 여러 형태의 설교(제목설교, 주제설교, 본문설교, 교리설교)가
있지만 강해설교가 성도들에게 강력하게 역사하는 이유는 무엇
인가? 바로 적용이다. 성경 본문의 의미를 오늘날 청중에게 적
용되어 살아내도록 하는 것, 사실상 강해 설교의 최종적 목적이
며 완성이다.

적용이라는 관문을 통과하지 않으면 삶의 변화라는 땅에 이
를 수 없다. 그러므로 설교자는 어떻게 해야 메시지가 청중의
삶에서 실현될 수 있는지 적절한 적용을 반드시 제시해야 한
다.[11] 적용이 시작되는 곳에서 사실상 삶으로서의 설교가 다시
시작된다.

수천 년 전의 그 상황(context)에서 그 말씀(text)이 그 청중에게

11) 권호, 임도균,『최상의 설교』, 서울: 아가페, 2024, p. 24.

어떻게 주어졌는지를 연구하고 해석하여 그 말씀이 오늘 이 시대를 살아가는 성도들에게 이들의 언어와 의미, 이야기로 재구성(다리놓기)하여 지금의 삶의 현장에 생생하게 적용되도록 상황화(현장화)해야 한다.

청년부 수련회에서 창세기 12장 1~6절 말씀을 가지고 소명에 관해서 설교한 적이 있다. 갈대아 우르에서 믿음의 조상으로 부름 받은 아브라함의 순종에 대한 〈다리놓기〉와 〈상황화〉를 통한 해석과 적용이 있는 설교이다.

하나님은 갈대아 우르에 살고 있는 아브라함(아버지 데라의 집안)을 찾아가 본토 친척 아비집을 떠나 내가 지시할 땅으로 가라는 소명(Calling)을 주신다. 근데 이게 결코 단순한 문제가 아니다. 하나님이 어떤 존재인지도 잘 몰랐고 또 데라의 가정이 잘 살고 있던 갈대아 우르를 떠나야 한다고? 갈대아 우르는 고대근동 메소포타미아 문명의 중심지였고 그곳은 바벨탑이 세워졌던 곳이다. 거기서 데라는 우상장사를 하고 있었다. 지금으로 치면 롯데월드타워 시그니엘(123층, 555미터)이 있는 강남 중심지가 아닌가? 그 당시에 우상은 생활의 "필수품"이다. 농사, 결혼, 질병, 장례, 이사 등등에 없어서는 안 되는 것이다. 요즘으로 비슷한 것을 치면 바로 "반도체"가 아닐까? 그러니깐 요즘으로 치면 아브라함의 아버지 데라는 삼성전자 부장(연봉2~3억) 정도 되고 한강이 내려다보이는 40~50억짜리 아파트에서 자녀들 최고의 명문 교육시키면서 잘 나가고 있는데 갑자기 하나님이 등장하셔서 거기를 떠나서 내가 지시할 곳으로 가라고 명령하신다. 그 상황을 우리가 깊이 묵상해보면 결코 단순한 문제가 아님을 알 수 있다.

그 소명(Calling)의 부르심에 한 가정이 결단하고 순종하여 떠나는데 1차로 하란으로 거기서 2차로 가나안(세겜)까지 2500km 넘는 장거리를 이동한다. 지금으로 치면 강남을 떠나서 전남 고흥군에서 배타고 거금도(?)로 들어가라는 이야기가 아닌가? 인간적으로는 도무지 이해가 되지 않고 그동안 누려왔고 보장되었던 모든 것을 포기하고 어떤 위험이 있는지도 모르는 곳으로 삶의 거처를 옮긴다는 것은 결코 쉽지 않은 결정이었을 것이다. 하나님의 이해되지 않는 부르심을 따라 순종했을 때 결과적으로 어떤 일이 벌어지는가? 아브라함이 독자 이삭도 드릴 수 있는 믿음의 거장이 된다. 그리고 그 아브라함의 가정을 통해 열방이 복을 받고 누리게 된다.

이 시대를 살아가는 청년들에게 소명의 길은 막상 험하고 어려운 것처럼 보일 때가 대부분이다. 시골로 가라고 하실 때도 있고 내 욕심을 꺾어야 할 때도 있다. 하지만 믿음으로 순종하고 한걸음 내디딜 때 그제서야 우리는 하나님의 약속되어진 참된 복이 무엇인가를 깨닫고 확인하며 누리게 되는 것이다. 그 길이 정답이다~!

이 본문의 다리놓기와 상황화를 통한 해석과 적용을 읽으면 좀 더 아브라함의 순종이 어떤 순종이었는지 깊이 있게 와 닿지 않는가? 성도들에게 여전히 이 시대에도 믿음으로 순종한다는 것이 무엇인지를 수천 년 전의 아브라함의 순종을 이 시대의 용어, 상황, 의미로 대조, 중첩 및 환원하여 더 생생하게 보여주고 있다. 이게 바로 성도의 삶에 적실하게 적용되도록 하는 강해설교가 가지는 강한 장점이다.

■삶아라!(묵상과 상상력)

요즘 설교 표절로 논란이 많다. 간혹 목사님들이 성도들의 기대치를 충족시키기 위해 남의 설교를 자기 것인 양 복사해서 쓰는 경우가 종종 생긴다. 목사님들이 시간을 내어 본문을 가지고 묵상하고 고민해야 하는 시간에 다른 일에 시간을 뺏기고 제대로 설교준비가 되지 않을 때 결국 이런 저런 자료를 조합하는(짜깁기) 수준의 설교로 성도를 섬길 때가 있다.

깊이 있는 설교로 나가야 할 때 가장 중요한 것은 묵상과 상상력이며 반드시 시간이 요구된다. 다시 말해 나를 먼저 통과하는 말씀이 힘이 있고 그 말씀을 깊이 우려내는 것은 묵상(심연의 고뇌)과 상상력[12](성령에 의한 몰입)이다. 설교를 준비할 때 처음부터 주석이나 설교집을 참고하지 말고 본인의 관점과 생각으로 충분히 묵상하고 꼼꼼히 살펴서 본문을 해석하고 주제를 정하라! 처음부터 남의 시각과 일반적인 자료에 기초하여 본문을 대하면 틀에 박힌 뻔한 설교가 된다. 충분히 자유롭게 상상하고 사고의 나래를 펼치고 어느 정도 정리가 되면 그제서야 주석으로, 조직신학적으로, 교리적으로 틀린 부분이 없는지를 점검해야 한다.

예전에 섬겼던 故 이희윤 목사님(동삼교회, 평안교회)이 늘 하셨던 이야기다. 목사의 설교에는 나름 열심히 성경을 읽고 공부하는 성도들조차도 손바닥을 치게 만드는, 남다른 무언가가 꼭 한 가지가 있어야 한다고 말씀했다.

---

12) 본문 연구와 설교 작성에서 발휘된 상상력은 청중의 머리에 메시지를 그림처럼 펼쳐주고 가슴에 지속되는 울림을 준다. 권호,임도균,『최상의 설교』서울: 아가페, 2024, p. 163.

누가복음 17장에 예수님께서 나병환자 10명을 고친사건이 등장한다. 이방인(사마리아인) 하나만 감사하러 오고 9명은 감사하러 오지 않았다. 왜인가? 이 부분이 바로 목사의 묵상과 상상력이 동원되어야 하는 지점이다. 본문은 그 이유에 대해서 정확하게 이야기하지 않는다. 그렇다고 이 부분을 빼면 안 된다. 그 아홉 명이 놀라운 치유하심을 경험했음에도 감사하지 않는 이유가 무엇인지를 그리고 우리 삶에 베푸신 하나님의 은혜에 어떻게 반응하며 감사해야 하는지 까지 설교해야 이 본문은 사실상 완성된다. 그것을 찾아내기 위해서 목사는 이 본문을 묵상하고 행간의 의미[13]를 읽고 성경의 다른 부분(감사와 불평)을 찾아서 연구하고(타 본문의 지지도 받아야 한다) 연결해서 결론을 내어야 한다. 이 본문에 대한 묵상과 해석을 〈절대감사〉라는 실제 설교 원고에서 다루었으니 참고하기를 바란다.

■설교의 반복(수정, 보완, 축약, 형식)

큰 교회 담임목사님들이 설교를 잘하는 이유가 있다. 바로 같

---

13) 상상력이란 본문의 행간을 읽어 냄으로써 당시의 상황을 재구성하여 눈앞에 실제로 일어난 것처럼 표현해 내는 것을 말한다. 류응렬,『세상을 움직인 설교자의 설교』,서울: 두란노, 2023, p. 369.

은 설교를 여러 번 하신다는 것이다. 큰 교회는 3~5번까지 같은 설교를 재반복한다. 같은 설교를 여러 번 하면 할수록 설교의 구조가 보이고 또 어느 지점에서 성도가 어떻게 반응하는지 확인될 수 있는 장점이 있다. 나도 누가회사역을 하면서 캠퍼스 8개를 섬겨야 했다. (병원모임과 지역모임은 제하고) 처음에는 다 다른 본문으로 설교하다가 너무 복잡하고 헷갈리는 측면이 있어서 어느 시점부터 하나의 설교를 가지고 8번 반복설교를 하게 된다. 그런데 설교를 하면서 계속 수정하고 보완한다. (웃길 때 더 웃기고 울릴 때 더 울리고 논리가 빈약하면 다시 재구성했다) 그러면 5~6번째부터는 원고를 보지 않고 청중들과 호흡하면서, 그들의 눈을 보면서 기대 이상의 설교를 할 수 있었다. 반면에 작은 교회 목사님들은 하나의 설교를 여러 번 설교할 일이 잘 없다.

아무리 원고를 잘 준비해도 청중들 앞에서 설교를 하면서 보이는 통찰(洞察, Insight)이 있고 또 수정되어야 할 부분이 생긴다. 내가 예상했던 반응이 아니구나. 주제에 더 맞는 예화를 썼어야 하는데~ 논리적으로 다시 구성해야 흐름이 자연스러운데 라는 부분들이 생길 수 있다.

그럴 때는 설교를 마치고 기억이 사라지기 전에 설교원고에 수정하거나 보충해야 할 부분은 빨간 펜으로 체크해 놓아라!! 설교는 끝나도 이 과정이 없으면 설교는 끝난 것이 아니다. 이 것이 설교 후의 퇴고의 과정인데 퇴고의 과정이 있는 목사님과 없는 목사님은 천지차이라고 생각한다. 자녀들에게 복습이 중 요하다고 하면서 목사님들은 왜 복습하지 않는가? 특별히 잘 준 비되었다고 생각한 설교원고가 힘을 발휘하지 못할 때는 그 이 유가 무엇인지를 꼼꼼히 살피고 분석해야 한다. 시간도 많이 들 지 않고 단순한 작업 같지만 다음의 설교의 작성, 진보에 나름 큰 도움이 될 것이다.

전포교회에서 사역할 때이다. 오후예배 때 담임목사님이 교 회에 특별한 상황에 따라 설교시간을 한 번씩 정해주셨다. 평균 적으로 30~40분의 설교를 준비해 놓으면 하루 전에 5분, 15분, 20분 시간을 정해주셨다. 그런데 설교를 준비해 놓았다가 설교 를 축약하고 재구성하면서 설교의 구조(뼈대)에 눈을 떴다.

설교 5분은 결코 짧은 시간이 아니다. 중요한 핵심 논점과 적 용도 가능하다. 거기에 살과 근육을 붙이면 30분도 되고 1시간 도 2시간도 된다. 핵심이 무엇인지를 아니 설교가 아무리 길어 져도 설교가 헤매지 않고 중심 주제를 놓치지 않고 각각의 대지를 붙들고 흐름을 가지고 나아간다.

우리 목사님들도 자신의 설교를 5분, 10분으로 여러 시간대로 축약해보라~! 설교의 구조(핵심뼈대)가 자연스럽게 보이고 논리전개(흐름)에 너무나 큰 도움이 될 것이다. 설교를 만들면서 주제를 정하고 살을 붙이는 것과 달리 설교를 마치고 거꾸로 살을 떼고 주제만 남기는 역구성의 과정은 비슷한 것 같지만 전혀 다른 접근이다.

통상적으로 설교학책에서 말하는 복잡하고 어려운 구조가 설교를 작성하는데 도움이 되기는 한다. 하지만 흉내 내는 것이 아니라 목사님들 스스로에게 맞는 구조(기성복이 아니라 몸에 어울리는 수제 맞춤옷)를 찾아내는 것이 관건이다. 왜냐하면 책에 나오는 설교 구조가 우리 교회와 성도에게 꼭 맞고 어울리는 것은 아니기 때문이다. 구조에서는 설교학자들이 전문가지만 본인이 섬기는 교회에서는 누구보다도 목사님들이 전문가이다. 본인의 교회와 성도, 상황에 어울리는 설교구조를 찾아내고 익숙해지는 것이 너무나 중요하다.

일반적으로는 우리 목사님들은 대부분 고정된 하나의 설교형식으로 설교하시고 가장 많이 사용하는 것이 3대지 설교이다.
왜 3대지 설교를 많이 하시는가? 그만큼 한국교회에서 검증된
설교형식이기 때문이 아닐까? 분명히 3대지 설교가 가지는 장
점도 있다. 그런데 3대지 설교가 피할 수 없는 단점은 하나의
주제를 세 개로 나누어야 하기 때문에 때로는 하나의 주제(one
point)만을 가지고 깊이 있게 본문을 전개해야 할 때는 분명히 한
계를 가진다. 모든 본문에 삼대지 설교가 어울리는 것은 아니
다. 전포교회를 17년 사역하면서 3년 정도 로날드 알렌의 〈34
가지 방법으로 설교에 도전하라〉 책을 가지고 오후예배는 실
험적으로 다양한 형태의 설교에 도전했다. 매주 설교의 형식을
바꾸는 것이 쉽지는 않았지만 이 설교훈련을 통해 무조건 3대
지가 아니라 본문에 따라 본문의 의도가 가장 잘 드러나는 설교
의 형식을 구분하고 취할 수 있는 관점이 생긴 것은 지나온 설
교 사역가운데 감사한 일 중의 하나이다. 결코 어려운 것이 아
니니 우리 목사님들도 설교 형식을 바꾸면서 설교하는 것에 도
전해 보기 바란다.

■공감각적 설교(그림, 소리, 향기)

어떤 목사님의 설교를 들으면 향기가 맡아지고 이미지로 그

려지고 촉감이 느껴지는 경우가 있다. 광야를 설교하면 광야에 따가운 햇볕과 밤의 차가움이 느껴지는 것 같고 갈릴리 바다를 설교하시면 그 바람과 파도, 바다내음이 느껴진다. 천국을 설교하면 임재하시는 하나님의 그 찬란한 영광이 느껴지고 지옥을 설교하면 그 무서움과 두려움에 뼈와 살이 떨리게 된다. 만약 목사님의 설교에 청중이 그렇게 느끼고 반응한다면 당신은 탁월한 설교자이다.

똑같은 본문인데 목사님에 따라서 아무런 그림도 어떤 느낌도 없는가 하면 생생하게 그 현장과 상황이 그려지고 몰입되게 하는 설교도 있다. 공감적적 설교의 장점은 본문의 주제에 성도들이 한층 더 깊게 본문과 진리에 입체적으로 다가서도록 하는 데 중요한 역할을 한다.

월터 부르그만(WalterBrueggemann)은 강단의 새로운 변화를 위해서는 설교자가 극적이고(dramatic), 예술적이며(artistic), 풍부한 상상력을 불러일으키는(imaginative) 언어, 즉 설교에 이미지화 할 수 있는 언어를 사용해야 한다고 주장한다.[14]

---

14) 월터 부르그만, 『설교자는 시인이 되어야 한다』,주승중 역, 서울: 겨자씨, 2007, p 208.

신구약을 언어적으로 구분하면 구약은 그림언어라고 볼 수 있다. 반면에 신약은 글자언어이다. 신구약은 상호보완적 존재이다. 구약의 그 사건이 어떤 배경에서 벌어졌는지 신약에서 분명한 이유와 결론을 내어준다. (예언되고 성취된다) 그림 언어만도 아닌 글자언어만도 아닌 두 개가 만났을 때 그 시너지로 설교는 본문의 의미를 선명하고 의미 있고 풍성하게 드러낸다.

쉽게 설명하자면 글과 그림이 만나면 만화책이 된다. 소리와 화면이 만나면 영상이 된다. 우리가 TV를 보면 화면이 나오면서 자막이나 음향이 나온다. 소리는 나오는데 화면이 나오지 않거나 화면은 나오는데 자막이나 소리가 나오지 않으면 시청자는 답답하게 여길 수밖에 없다. 우리 성도들은 자막만 나오는, 소리만 들리는, 화면만 나오는 답답한 설교를 듣고 있지는 않는가?

이 두 가지 결합될 때 청중에게 성경의 본문이 생생하게 현장감 있게 느껴지고 분명한 메시지가 실제적으로 마음과 영혼에 와 닿는다. 이렇게 입체적으로 전달되는 설교는 그냥 만들어지지 않는다. 이를 위해서 목사님들은 꼼꼼한 성경연구와 다양한 독서를 통한 언어적, 신학적, 인문학적 소양을 배양해야 한다.

대구서도교회에서 사역하시는 김상조 목사님의 페이스북 글을 읽으면 정말 글을 탁월하게 잘 적는다. 그리고 설교를 들으면 기존의 목사님과는 다르게 신학적 용어를 전혀 쓰지 않고 일반적 언어만으로도 뻔하지 않게 본문을 그려내고 풀어낸다. 도대체 이유가 무엇일까 알아보니 영남대에서 국어작문 공부를 따로 했다. 설교는 언어의 과정을 반드시 통과한다. 신학공부만이 아니라 언어와 국문학에 대한 공부도 설교를 풍성하게 하는 귀한 도구가 될 수 있음을 우리 목사님들이 유념했으면 한다.

■간을 보라! 유머와 위트

음식을 하면 간이라는 것이 있다. 설탕을 넣기도 하고 소금을 넣고도 하고 꿀을 넣기도 한다. 간을 하지 않아도 소화를 시키는데는 문제가 없다. 그런데 음식에 간이 있으면 맛있게 먹을 수 있고 평범한 음식이 명품 오마카세가 되기도 한다. 그리고 때로는 간을 첨가하기 때문에 먹기 힘든 약도 아이들이 쉽게 먹을 수 있다.

예전에는 목사님들이 딱딱하게 근엄하게 설교해도 누구하나 뭐라고 이야기 하지 않았다. 그게 당연할 줄 알았다. 그런데 시대가 변하고 성도들도 설교의 맛을 원하는 시대가 되었다. 사랑의 교회 故 옥한흠 목사님의 설교를 분석하면 목사님은 진중하면서도 무거운 주제의 설교를 하면서도 설교 내용 중에 2번 정도는 유머와 재밌는 이야기로 성도들의 긴장을 풀게 했다. 목사님은 진중한 설교에 간을 쳐서 성도들이 부담감을 덜면서도 맛있게 설교를 먹을 수 있도록 배려한 것이 아닐까?

김해의 푸른숲교회 김영선 목사님이 코로나 이후에 영상으로만 예배를 드리려고 하는 성도를 위트 있게 도전하신 이야기가 있다. "성도 여러분. 저는 여러분의 이중성을 압니다. 임영웅의 콘서트에는 그 비싼 입장권을 싸서 현장에서 보기를 그렇게 원하지만 예배는 집에서 편안하게 누워서 영상으로 드리려고 하는 여러분의 속마음을요. 하나님은 현장에서 여러분의 예배를 받으시기 원합니다. 하나님은 임영웅보다 인기가 없거나 못하신 분이 결코 아니십니다." 성도들을 기분 나쁘게 하지 않으면서도 성도의 예배가 어떠해야 하는지 도전하는 지혜롭고 묵직한 위트가 아닌가?

■예화, 설교의 보조제? 핵심이다!

한 번씩 설교를 들으면 아예 예화가 없는 설교로 구성하는 목사님들이 계신다. 그것을 좋게 해석하면 본문중심으로 다른 소리 안하는 알짜배기 설교라고 볼 수도 있으나 창문이 하나도 없는 집처럼 꽉 막히고 답답한 느낌을 받을 수도 있다.

사람들은 개념보다는 사람에 더 잘 공감한다. 좋은 이야기들은 개인적인 경험들을 초월하고 승화한다. 그래서 여러 다양한 상황 속에 있는 사람들이 그 이야기들로부터 중요한 무언가를 얻을 수 있다. 설교를 듣는 청중들은 이야기를 들을 때 그들 자신을 향해 이야기이며 자기 자신의 경험들을 그 안에 이입하고 상상한다.[15)]

예수님도 청중의 눈높이를 정확히 이해하시고 당대인에게 친숙한 예화로 복음을 전하셨다.[16)] 예화는 금기시 할 이유도 없고 결코 보조적인 존재도 아니다. 도리어 예화는 성경의 진리가 청중의 지성과 감정, 의지를 통합하여 본문의 핵심 주제를 드러나게 하는 설교의 필수적 형식 중의 하나라고 볼 수 있다. 해석된

---

15) 헤돈 로빈스, 『탁월한 설교에는 무언가 있다 -작은 차이를 만드는 설교』, 김창
훈역, 서울: 솔로몬, 2009, p. 195.
16) 장주희, 『들리는 설교』, 서울: 이른비, 2024, p. 70.

말씀으로 그렇게 말씀대로 살았던 성도들의 삶을 소개한다면 그 보다 더 정확하고 실제적인 적용이 어디에 있겠는가? 본문의 주제에 적절한 이야기(예화)를 찾는 것도 목사님들의 설교준비의 중요한 과정이라는 것을 잊지 말라!

분당우리교회 이찬수 목사님이 사랑의 교회에서 청소년부를 섬길 때 본문의 적용에 딱맞는 예화(비슷한 예화가 아니라)가 필요해서 며칠 동안 모든 서점을 뒤져서 결국 본문에 딱맞는 예화를 찾아내었다는 일화가 있다. 잘 준비되고 발굴된 예화는 설교의 화룡점정이 될 수 있다.

비슷하지만 애매한 예화

예화라고 같은 예화가 아니다. 자동차가 고장 났을 때 비슷한 부품을 장착하면 어떻게 되는가? 장착도 잘 안되고 금방 고장난다. 딱 맞는 부품이 들어와야 한다. 목사님들이 본문의 주제와 의도를 100%, 또는 그 이상으로 구현하지 않는 예화라면 차라리 사용하지 않는 것이 낫다. 비슷한 것은 다른 것이다. 그 작은 차이에서 명설교와 뻔한 설교가 나누어진다.

진부한 예화

목사님들이 쉽게 찾을 수 있는 예화집의 예화이다. 벌써 수십 년이 지난 예화도 있고 여러 목사님들이 너무 많이 사용해서 그 예화를 들을 때는 청중들은 식상하다는 느낌을 받는다. 도리어 그 예화를 쓰지 않느니 못한 상황이 발생한다.

편향된 예화

목사님이 예화를 쓰면서 조심해야 할 부분이 있다. 바로 정치적인 예화를 조심해야 한다. 왜냐하면 교회 안에는 여도, 야도, 중도도 있다. 목사님이 편향적으로 정치이야기를 예화로 쓴다면 찬성하는 성도도 있겠지만 반대하는 성도도 생긴다. 반은 얻겠지만 반은 잃거나 적으로 만들게 된다. 목사는 모든 성도를 아우르는 예화를 준비해야 한다.

잘못된 예화

또한 예화는 검증된 것을 사용해야 한다. 최근 신문이나 방송에 언급된 예화는 가짜뉴스도 많고 조작도 있고 시간이 지나면서 거짓으로 드러나는 경우도 있다. 설교를 잘해놓고 얼마나 지나지 않아 오류 있는 예화로 판명되면 본의 아니게 엉터리 설교가 된다.

예화의 수집과 관리, 가공

설교를 준비하면서 그 본문에 딱맞는 예화가 바로 떠오르는 것은 아니다. 그런 면에서 평소에 여러 종류의 예화들을 수집하고 주제별로 나누어야 한다. 모아만 놓으면 정작 필요할 때 그 예화가 어디 있는지 찾기가 쉽지 않다. 신선하고 공감대가 있는 예화의 수집을 위해서 평소에 다양한 독서가 필요하고 일상을 세밀하게 관찰해야 한다. 또 그 예화를 그대로 쓰는 것이 아니라 본문의 주제에 맞게 예화를 수정하고 변형할 감각도 훈련하고 갖추어야 한다.

■청중을 바꾸라!(헌신예배와 집회에 도전하라!)

작은 교회 목사님들은 정해진 장소, 고정된 청중들 앞에서 큰 변화 없이 설교해야 한다. 그에 비해 나는 일 년 내내 작은 교회를 순회하며 설교한다. 한 번씩 캠프(수련회)와 부흥회(사경회) 강사로 섬길 때도 있다. 정말 다양한 규모의 교회(집회)에서 다양한 청중을 만나며 설교한다. 이런 경험을 하는 설교자는 많지 않을 것이다.

교회 안에서 매번 드려지는 예배에 비하면 집회(수련회, 부흥회, 특별예배)에서는 공동체적으로, 개인적으로 남다른 준비와 기대를 가지고 참석한다. 목적이 확실하다.

집회에 임하는 강사는 그 집회가 요구하는 목적에 맞게 설교를 준비하고 강력한 은혜를 끼쳐야 한다. 30~40분 설교가 아니라 길게는 2시간까지도 설교하게 된다. 기도회까지 하면 더 긴 시간 집회를 인도해야 한다. 그런 집회를 많이 경험하면 할수록 교회에서 드리는 공예배형태의 설교는 좀 더 손에 잡힌다.

이렇게 설명하면 이해가 쉬울 것 같다. 병원에서는 여러 가지 수술을 한다. 그런데 수술이라고 다 난이도가 같은 것은 아니다. 정말 어려운 수술을 들라하면 심장수술, 이식수술, 암수술 등이지 않을까? 그에 비하면 맹장수술, 내시경용종제거시술 등은 그래도 쉬운 편에 속한다. 어려운 수술을 자주하고 경험할수록 간단한 수술은 쉽고 확실하게 할 수 있다.

집회강사 출신의 목사님들이 목회를 하는 경우가 있는데 대표적으로 청소년 설교의 탁월한 강사, 더푸른교회 강은도 목사님이 계시다. 강목사님의 교회설교를 들어보면 정말 탁월하게 말씀을 전한다. 중대형 집회를 본인의 의도한대로 메시지를 끌고 가고 청중들을 결단하게 하고 은혜를 끼치는 수준이라면 당연히 본교회 공예배에서도 은혜를 끼친다. 그 실력이 어디 가지 않는다.

그래서 우리 목사님들이 가능하면 집회강사로 나가도록 노력하면 좋겠다. 설교의 진보에 늘 보던 성도들이 아니라 새로운 장소와 새로운 청중 앞에서 설교를 해보는 것이 얼마나 큰 도움이 되는지 모른다. 아니면 헌신예배 강사로라도 나갈 수 있으면 나가야 한다. 그런데 교회를 비우고 나갈 수는 없으니 같은 노회 안의 목사님의 교회와 맞교대 하는 방식도 괜찮고 박정엽 소장을 불러서 본인이 없는 오후예배를 감당하도록 하고 본인은 헌신예배 강사로 섬기는 것도 하나의 방법이다.

작은 교회를 섬기면서 가지는 나의 소원이 있다. 우리 성도들이 아무런 기대도 없이 와 졸다가 가는 그런 예배가 아니라 매번의 예배가 집회가 되고 부흥회가 되면 안 되는가? 집회가 왜 집회가 되는가? 강사가 탁월한 말씀을 준비해서 단에 서서 전하기 때문이다. 목사님들의 설교에 힘과 능력이 있고 그 말씀이 가감 없이 전해지면 매 주일 예배는 집회가 될 것이고 잠자는 성도를 깨우고 하나님의 교회가 새로워지는 계기가 될 것이다.

■설교는 기도로 완성된다.

본문을 잘 분석하고 청중을 잘 파악해서 짜임새 있게 원고를 준비했다고 해서 하나님의 은혜와 감동이 매번 기계적으로 임하지는 않는다. 왜냐하면 설교는 인간의 일이기 전에 하나님의 일이기 때문이다. 때로는 잘 준비하지 못하고 설교단에 섰지만 하나님의 강력한 임재와 은혜가 부어지고 역사되기도 한다.

위대한 전도자 무디의 설교에는 한 번씩 어법이 틀리고 어색한 문장이 있었다. 그럼에도 그의 집회에는 불이 임하고 영혼이 회심하는 역사가 일어난다. 청교도 명설교자 조나단 에드워드, 촛불아래에서 설교원고 〈진노한 하나님의 손에 붙들린 죄인들〉

을 무심한 듯 조용히 읽었을 때 청중이 지옥을 보고 하나님의 엄위하심 앞에서 눈물 콧물 흘리며 바닥에 뒹굴며 통회 자복하는 일이 일어났다. 매끄러운 원고도 아니었고 탁월한 스피치가 있는 것도 아니었다. 하지만 그 부족함이 하나님의 일하심을 제한할 수는 없었다.

하나님이 하시면 하는 것이다. 하나님은 돌로도 소리를 지르게 할 수 있는 분이시다. 우리가 아무리 잘 준비해도 하나님이 붙들지 않으시면 설교는 그냥 울리는 꽹과리에 불과하다. 설교자가 하나님의 손에 온전히 붙들려져야 한다. 그래서 설교는 최종적으로 기도로 완성된다. 설교는 잘 준비했지만 이 설교를 통해 일하실 하나님에 대한 기대함과 성령께서 청중들의 닫힌 눈을 열어 깨닫는 영으로 임하심에 대한 간절한 기도가 전혀 없다면 어쩌면 세상에서 가장 부족한 설교를 들고 외로이 단에 서서 소경이 소경을 인도하는 우매함의 다름 아닐 것이다.

■설교의
상을 내다

말씀이 설교자를 통과하여 성도들의 마음에 꽂히고 들리는 것은 신적인 일이다. 설교자는 최선을 다해 설교를 준비하면서도 성령님의 임재를 위해 늘 기도해야 한다. 왜냐하면 우리의 심령에 하나님의 은혜가 깊이 심겨지고 새겨지는 것은 하나님의 주권적 역사이기 때문이다.

- 박정엽

■매체의 사용여부에 따른 설교

목사님들이 청중들 앞에서 설교를 하실 때 고전적으로 가장 많이 하는 형태가 설교원고를 놓고 음성으로 읽어가는 것이다. 그러다가 최근에 화면과 영상을 설교에 도입하는 경향들이 많이 생겼다. 화면과 영상에 익숙한 세대이기 때문에 설교에 적절히 사용되어질 필요성은 분명히 있다. 하지만 화면과 영상이 100% 설교는 아니고 설교를 대체할 수도 없다. 사용할 때 장단점을 파악하고 정교하게 역할과 위치를 정해줄 필요가 있다.

설교원고 분실과 에러에 대한 준비

여러 교회를 다니며 설교를 하는데 한번은 설교원고를 분명히 챙겼다고 생각했는데 다른 가방에 넣어두고 온 경우가 있다. 좀 난감한 상황이었는데 거의 외우고 있는 설교여서 그 자리에서 요약해서 설교를 하고 위기를 넘겼다.

그 이후로 설교원고는 당연히 챙기고 만약을 대비해서 휴대폰에 설교원고를 찍어놓고 그리고 e-mail로 설교원고를 미리 전송해 놓는다. 그리고 요즘은 목사님들이 노트북이나 패드로 설교를 많이 하신다.

한번은 ○○교회에서 전도사님이 패드를 열고 설교를 하려고 하는데 패드의 운영체제가 업그레이드되면서 설교원고로 전환되지 않는 것이다. 전자기기는 배터리, 디스플레이의 문제, 기타 문제로 종이원고에 비하여 100% 확신할 수 없다. 그렇다면 설교자는 노트북이나 패드를 가지고 가면서도 가능하면 종이원고를 인쇄해서 만일의 사태를 대비하는 것이 필요하다. 기계가 완벽하지 않다. 그래서 2안, 3안의 준비로 만일의 사태를 준비해야 한다.

음성설교의 장단점

보편적으로 한국교회는 음성으로 설교하는데 익숙하다. 음성 설교는 화려하지 않지만 설교자의 스피치와 역량에 따라서 영상(화면)을 사용하지 않고도 청중들을 더 집중도 있게 말씀에 몰입하게 할 수 있다. 음성이 잘 전달되면 영상을 틀지 않아도 그것 이상으로 성도의 머릿속에서 이미지가 더 실제적으로 표현되고 풍성하게 그려질 수 있다. 개인적으로 시골교회를 다니면 영상매체를 아예 활용할 수 없는 교회도 적지 않다. 그런 면에서 음성설교의 장점은 다른 보조도구없이 설교에 언제나 즉각적으로 임할 수 있다.

반면에 목사님의 음성이 약하거나 발음이 분명치 않고 사투리가 많이 섞여 있거나 스피커나 마이크 시설이 미비한 곳에서는 설교자가 의도한 메시지가 잘 전달되지 않을 가능성도 있다.

PPT와 영상을 활용한 설교의 장단점

최근 들어 화면이나 영상을 활용하는 설교가 많아지고 있다. 본문과 주제를 띄우면서 설교를 진행하고 설교의 초입, 중간,

결론에 설교와 관련된 도입영상으로 관심을 끄는 경우도 많다. 다음세대와 젊은이들이 시각에 익숙하기 때문에 영상이 설교에 적지 않은 도움이 되고 설교를 풍성하게 하는데 유익을 끼친다. 이 부분의 설교에서는 행복나눔교회를 담임하시는 김현철 목사님이 탁월한 전문가이다.

누가회 사역을 하면서 캠퍼스 예배를 드릴 때 한 주는 내가 가고 한 주는 지역 교회 목사님이 오시는 경우가 있었다. 나는 철저하게 원고를 가지고 음성설교를 한다. 그런데 다른 주에 오시는 목사님은 항상 PPT를 띄우고 설교를 진행하셨다.

그런데 한 학생의 피드백이 있었다. 목사님이 PPT를 띄우고 설교하시니 이게 내가 강의를 듣고 있는지, 예배를 드리고 있는지 잘 구분이 안 되고 번잡스럽게 느껴진다고 말했다. 일반적으로는 PPT화면을 따라가면 설교에 더 집중된다고 생각되는데 그 학생의 이야기를 들으면서 그런 단점도 있을 수 있다고 생각되었다.

전포교회에서 종종 있었던 일이다. 헌신 예배나 부흥회에 오시는 목사님들이 설교의 시작 부분에 관심을 끌기 위해, 끝부분에 결단을 위해서 동영상을 틀어달라는 경우가 종종 있다. 그런데 영상이 아예 나오지 않거나 소리가 나오지 않아서 설교가 잘 진행되다가 예배가 엉망이 된 경우가 있다. 미리 사전에 볼 때는 잘 되다가 예배 중에는 꼭 그런 영상에러가 생긴다. 설교의 도움을 위해서 준비했던 자료들이 도리어 설교를 망치는 주범이 되기도 한다.

PPT나 영상의 문제점은 목사님이 말씀하시는 장면이 바로 화면으로 뜨고 시각적으로 전환되기 때문에 도리어 사고(생각)가 제한되는 측면이 있다. 화면이 설교를 풍성하게 보여줄 때도 있지만 왜곡하고 축소할 가능성도 늘 상존한다.

PPT나 영상매체는 설교의 주체가 아니라 보조제이다. 매체를 통한 시각적인 힘이 크다해도 설교의 힘보다는 크지 않다.[1] 화면과 영상에 익숙한 시대이기 때문에 적절하게 잘 활용해야 하지만 이러한 한계도 있다는 것을 목사님은 꼭 인식하고 준비해야 한다.

---

1) 강원구,『설교테크닉』서울: 요단출판사, 2018, p. 292~294.

■스피치(억양과 톤)와 몸의 언어

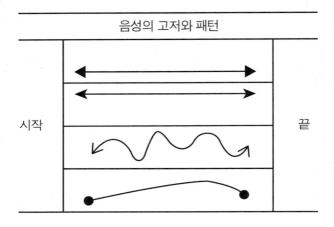

음성의 고저와 패턴

시작   끝

설교의 진행되는 억양과 톤에 따라 대체적으로 4가지 형태로 구분한다. 같은 설교라도 어떤 발음으로 어떤 톤으로 설교하느냐가 중요하고 그에 따라 청중의 이해도와 반응도 다양해진다.

저음으로 지속

낮은 톤으로 점잖게 처음부터 끝까지 설교를 진행되면 차분하게 설교를 들을 수 있다는 장점이 있는 반면에 자칫 설교가 지루해지고 확신 없이 설교하는 것으로 들릴 수 있다.

고음으로 지속

요즘은 이렇게 설교하시는 분이 적지만 처음부터 끝까지 고음을 유지하시는 분들이 간혹 계시다. 어떻게 보면 열정으로 설교하신다고 볼 수도 있지만 고음으로 톤이 지속되면 장시간의 설교를 듣는 사람 입장에서는 피곤하고 어떤 부분이 중요한지를 놓칠 수도 있다.

불규칙하게

저음과 고음을 불규칙하게 반복하면서 설교가 진행되면 흥미롭게 설교를 들을 수도 있는 반면 이런 톤에 익숙하지 않은 청중은 어디를 강조하는지가 헷갈리고 혼란스러울 가능성이 있다. 나아가 목사님이 설교를 헤매고 계신 것이 아닌가? 오해를 살 가능성도 있다.

기승전결의 흐름으로

내가 아는 목사님은 설교를 시작하여 마칠 때까지 12단계에 거쳐서 서서히 톤을 끌어 올리신다. 강조할 부분에서는 적절한 감정과 호흡을 담아 선명하고 분명한 소리를 사용하신다. 이런 톤의 설교는 상당히 안정적으로 진행되며 청중들을 몰입하게 장점이 있다.

비언어적 요소(눈짓, 손짓, 몸짓, 외모)

설교를 할 때 음성이 상당부분을 차지한다. 그런데 그 음성 외에도 비언어적 요소가 있다. 그것이 바로 눈짓, 손짓, 몸짓, 외모이다. 목사님들이 설교할 때 음성만으로 설교하는 것이 아니라 성도를 바라보며 손짓을 하고 몸을 구부리거나 펴거나 돌리며 보조적 요소로 사용된다.

눈짓은 한 곳만 바라봐서는 안 된다. 성도들을 바라보는데 한 성도만 바라보는 것이 아니라 좌에서 우로 골고루 성도와 눈을 맞추면 설교해야 한다. 손짓도 강조할 부분에서 손을 사용하지만 너무 과도하게 손을 사용하면 설교가 바쁘고 분주하고 정신없게 보일 수 있다.

몸짓도 앞만 바라보는 고정자세로만 설교하면 답답할 수 있다. 성도를 바라보면서 그에 맞추어 적절하게 몸을 움직여 각도를 조절하라. 그리고 때로는 음성 못지않게 설교자의 자세에 따라 설교가 청중들에게 더 와 닿는 역할을 할 때도 있다. 비언어적 요소라 하여 되는데로 하는 것이 아니라 나름 연구하고 연습하면 설교에 적지 않은 도움이 될 것이다.

외모적으로 목사님의 머리가 새집을 짓고 있거나 코털이 삐져 나와 있던지 넥타이가 너무 삐딱하게 매어져 있고 와이셔츠 단추가 풀려져 있으면 설교하는데는 지장은 없지만 목사를 바라보는 청중은 그 부분이 거슬리게 된다. 사소한 부분이 설교의 집중과 몰입을 방해하게 된다. 목사님들은 단에 서기 전에 꼭 거울 앞에서 자신의 외모가 단정한지를 확인하는 것이 필요하다.

■청중을 고려한 설교(인원, 나이, 장소, 신앙여부)

설교는 허공에다 하는 것이 아니다. 청중이라는 대상이 있다. 몇 명이 모여 있고 연령대와 신앙의 수준여부, 모인 장소의 특성을 이해하고 설교를 준비하는 것과 그렇지 않은 것은 적지 않은 차이를 발생시킨다.

인원

　작은 교회를 섬기는 목사로서 교회를 방문하여 말씀으로 섬기려고 할 때 교회 목사님들이 공통적으로 하시는 말씀이 있다. 목사님 우리 교회는 몇 명 없습니다. 어쩌지요? 설교에 임하면서 늘 고백하는 명제가 있다. 내 설교를 듣는 분이 한 분이라도 그 분 안에 천하가 있음을 보며 최선을 다하고 천 명이 앉아 있어도 그 수에 졸지 않고 한 명에게 설교하는 것처럼 섬세하게 다가가야 한다는 것이다.

　인원이 소수라면(30명 이하) 대화식 설교가 가능하다. 설교를 하다가 중요한 포인트에서 질문하고 그 답변에 기초하여 설교할 수 있다. 그런 면에서 인원이 적으면 좀 더 청중과 호흡하고 다가서는 설교로 섬길 수가 있다.

　인원이 중대규모(100명~1000명) 예배에서는 주제가 선명하고 이해하기 쉽고 논리적이고 결론에 쉽게 도달해야 하고 본문의 핵심 주제에 적합한 결론과 감동적인 예화로 마무리해야 한다. 인원이 많으면 집중도가 흐트러질 수 있기 때문에 충분한 다양한 반응을 예상하고 단에 서야 할 것이다. 그리고 요즘 교회예배

중에 온세대 예배라는 것이 있다. 유치부부터 장년세대까지 모두 함께 드리는 예배이다. 다음세대가 있기 때문에 설교가 당연히 간략하고 쉬워야 한다. 그러나 장년들이 있기 때문에 쉬우면서도 깨달음과 도전이 되는 내용이어야 한다. 설교는 어렵다고 못 알아듣는 것도 아니고 쉽다고 알아듣는 것도 아니다. 설교가 들려지고 마음을 움직여 말씀대로 살아가도록 결단하게 하는 것은 성령의 역사이기 때문이다.

나이(세대)

유초등부

유초등부 설교는 단순하면서도 주제가 명확하고 쉬워야 한다. 설교가 복잡할 필요가 없고 짧은 시간에 한 번에 하나의 주제로 충분하다. 또한 아이들은 집중력이 제일 떨어지는 시기이기 때문에 반전을 통한 집중을 끌어내고 즐겁게 설교를 들을 수 있도록 구성해야 한다.

청소년부

중고등부 설교는 가장 쉽지 않은 설교 연령층이다. 사춘기에 와 있는 친구들은 아예 들으려하지 않는다. 부모님 때문에 억지로 끌려온 친구들의 인상을 본적이 있는가? 거의 세상 종말을 앞두고 정신이 나가 있다. 그런 친구들을 앞에 놓고 설교하는 일을 결코 쉽지 않다.

그래서 청소년부 설교는 아이들의 언어방식으로 접근하면 효과적이다. 아이들이 쓰는 언어, 영상, 문화, 커뮤니케이션 방식을 가지고 접근하여 의미와 재미와 색다른 관점을 제시하면 청소년들의 마음의 문을 열고 진리를 전하는데 도움이 된다. 이 시기가 특별히 회심을 많이 하는 시기이기 때문에 복음을 담고 복음으로 도전하는 설교가 가장 필요한 시기이다. 청소년 설교는 뻔하면 안된다. 허를 찌르는 반전과 청소년들의 삶에 맞는 상황화된 적실한 해석과 적용이 반드시 설교의 구성에 들어가야 한다.

청년

청년들의 설교는 가장 들을 준비가 되어 있는 세대이다. 진부한 설교를 거부하고 가장 논리적으로 설교를 듣고(어렵고 난해한 설교 주제도 소화) 들은 말씀대로 삶을 살아내려고 부단히 애쓰는 세대이다. 당연히 설교에는 탁월한 관점과 신자의 헌신에 대한 내용이 준비되어 있어야 한다. 청년들은 인생에서 학교생활, 취업준비, 군생활, 아르바이트, 데이트와 결혼 준비 등으로 가장 현실적이고 힘든 시기를 보낸다. 잘 위로하고 격려하면서도 청년으로서 도전적 설교로 깃발을 들어라~!

장년

장년세대는 평생 설교를 들어온 고인물 같은 세대이다. 평생을 설교를 들었으니 얼마나 많은 설교와 설교자를 대하고 경험했겠는가? 그러니 장년 세대에게 은혜를 끼치는 것이 결코 만만치 않다. 그런 면에서 기존의 틀에 박힌 해석이 아니라 다양하고 새로운 관점으로 접근하면서도 성도들에게 익숙한 기복주의적이고 행위중심적인 신앙을 전환할 수 있는 "깨는" 설교가 필요하다. 다만 평생을 설교를 듣고 살아온 분들이기 때문에 철저한 준비와 완결된 내용, 불붙는 논리가 있어야 장년세대를 움직이고 도전할 수 있다.

장소

설교는 대부분 마이크와 스피커가 있는 실내(예배당 내지는 교육관)에서 전해진다. 또 실내가 아니면 실외가 된다. 부산 경남 울산의 작은 교회를 다니면서 설교하기 전에 음향을 점검한다. 작은 교회는 목사님에 모든 것이 맞추어져 있다. (마이크의 톤, 단의 위치, 보면대

의 크기) 나는 목소리가 작고 키가 큰 편이다. 그래서 미리 예배 전에 마이크를 가지고 점검을 한다. 그리고 키가 작은 목사님들이 보충단을 놓거나 방석을 놓는 경우들이 있어서 양해를 구하고 미리 단의 높이를 조정한다. 아니면 꾸부정하게 설교해야 한다.

신앙여부

초신자

요즘 초신자들 대상으로 설교할 일이 잘 있는가? 나도 최근 기억으로 잘 없다. 있다면 새신자초청전도집회 정도가 아닐까? 우리 목사님들이 기존신자 위주의 설교에 익숙하기 때문에 초신자의 설교에 익숙하지 않다. 나는 교회에서 4주짜리 새신자 반을 섬기면서, 누가회 사역(EBS)을 하면서 초신자에 대한 설교를 적지 않게 했다. 초신자들은 성경이나 교회의 용어, 신학적 개념에 익숙하지 않다. 그러므로 초신자를 대상으로 하는 설교는 불신자가 늘 사용하는 단어와 개념을 가지고 복음을 설명하고 접근해야 한다. 초신자 설교는 결코 쉬운 설교가 아니다. 더 쉬운 용어를 쓰면서 복음의 핵심주제를 놓쳐서는 안 되기 때문이다. 어떻게 보면 기존신자의 설교에 비해서 몇 배의 노력을 기울여야 하는 설교일 수도 있다. 그러나 그렇게 수고하고 준비한 말씀으로 영혼이 구원 얻는 출산의 영광을 얻는 복된 자리임도 기억해야 할 것이다.

기존신자(구원과 행위)

기존의 신자들은 평생을 신앙생활하며 설교를 들어온 분들이다. 그 신앙생활의 절대적 부분이 설교를 듣는 것이다. 오랜 시간 설교를 하면서 기존 신자의 설교에서 핵심적인 두 가지 상황이 있다.

바로 은혜로 인한 구원(하나님의 주권)과 행위로서의 응답(신자의 책임으로서의 삶)이다. 이 두 주제는 연속적이면서도 부조화를 이룰 때가 있다. 우리의 구원은 절대적으로 우리의 행위에 있지 않고 하나님의 택하심과 특별한 은혜에 기초하고 있다. 구원에 있어서는 우리가 자랑할 것이 전혀 없다. 여기에 다 동의할 것이다. 또한 그와 더불어 신앙생활은 십자가를 지고 제자의 마음으로 예수님 닮은 자로 마땅히 헌신하며 봉사하고 수고해야 한다. 그런데 문제는 인간이 죄인이라는 것이다. 은혜로 인한 구원과 행위(삶)으로서의 응답을 자기에게 유리하게 적용한다. 은혜로 구원 얻었는데 하나님이 다 하시고 이루셨는데 굳이 살아야 되는가? 삶으로서의 응답을 소홀히 하고 섬기고 수고하지 않는 것이다. 반면에 열심과 열정이 있어서 앞에서 수고하고 섬기고 교회에서 모든 일을 도맡아 하는 직분자가 되고 중직자로 서면 어느새 내가 괜찮은 사람이구나! 나를 보니 구원 얻을 만한 삶을 살았네! 그러면서 행위구원의 관점으로 전환되는 경우도 있다. 한국교회는 유교적 계급론과 상급론, 이 두 축으로 교회가 운영된다고 분석하는 분도 있는데 완전히 틀린 이야기는 아니라고 본다. 그래서 기존신자의 설교는 한쪽으로 치우쳐진 신앙의 관점을 전환하여 균형을 가지도록 설교해야 한다. 충성봉사하며 행위로 구원 얻는다 생각하는 분들에게 그 행위가 아무것도 아님을, 그렇게 평생을 살아도 여러분의 구원에 일도 보탤 수 없다는 것을 설교해야 하고 구원 얻고 아무런 삶도 살아내지 않는 분들에게 여러분이 하나님의 은혜를 오해하고 있다. 구원 얻고 끝이 아니라 그 분의 장성한 분량에 이르도록 예수 닮은 자로

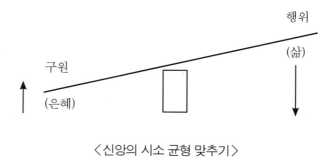

〈 신앙의 시소 균형 맞추기 〉

서기 위해 우리가 온 힘 다해 삶으로 응답하고 수고해야 함을 역설해야 한다. 결국 설교자는 평생을 이 두 주제를 오가면 균형을 맞추며 설교하는 것이라고 생각한다.

가나안성도

한국교회 안에 많게는 200만이 가나안(교회 안나가)성도라고 분석한다. 여기에는 여러 가지 이유가 있을 것이다. 교회의 불합리한 문제 때문에 실족한 경우도 있고 교회생활에 부담을 느꼈을 수도 있고 코로나 기간 중에 교회가 영상을 보는 것을 영상예배라는 지위를 주어서 코로나가 끝나도 그 생활에 적응이 되어서 굳이 교회에 갈 필요 있나? 집에서 영상을 보며 예배자라고 우기지만 시청자 수준으로 살아가는 것이다. 가나안성도들을 만나거나 설교할 기회가 생긴다면 당연히 강조해야 할 부분은 개인의 구원은 반드시 공동체 안에서 확인되어야 한다는 것을 가르쳐야 한다. 교회는 신자에게 선택사항이 아니다. 교회에서 우리는 작은 하나님 나라를 만들어 가는 것을 훈련한다. 그리고 장차 머리되신 예수님 안에서 모든 교회가 그의 몸이 되어 천국을 이루어 가는 것이다.

■성도들의 반응으로 보는 바로미터(와, 우, 어, 애, 으)

설교를 마치고 내려오면 성도들의 반응은 다양하다. 죽을 썼다고 생각했는데 목사님 올해 들어 가장 큰 은혜를 받았습니다라고 말하는 분도 있고 나름 잘 준비했고 전달도 이만하면 잘되었다고 생각하는데 성도들의 인상이 썩 좋지 않을 때도 있다. 그런 다양한 반응에 모두 일희일비하면서 설교자의 감정이 흔들릴 필요는 없다. 그러함에도 성도들의 반응을 통해 설교자는 자신의 설교를 꼼꼼하게 뒤돌아보고 점검할 필요성이 늘 있다. 설교는 전달했다고 끝이 아니라 청중(성도)의 반응을 통하여 청중(성도)의 삶으로 깊숙이 들어가고 나아가기 때문이다.

성도들이 목사님의 설교를 듣고~ 와

눈물을 주체하지 못하고 감동적이라며 은혜 받았다며 찬사를 보낼 때가 있다. 일 년에 우리 목사님들은 성도들이 이렇게 반응할 때가 몇 번이나 되는가?

성도들이 목사님의 설교를 듣고~ 우

목사님들의 설교가 때로는 편향적일 때가 있다. 성도들이 설교를 듣다가 일어나서 나갈 때도 있다. 참된 진리의 선포를 거부해서 일어나는 것은 어쩔 수 없다. 다만 목사님이 진리의 영역이 아닌 다른 부분에서 편향적인 입장을 강요할 때, 도무지 상식적이지 않은 설교에 성도는 우 라고 비난을 보낸다.

성도들이 목사님의 설교를 듣고~ 어

요즘 성도들은 정말 똑똑하다. 여러 목사님들의 설교를 듣고 신학적으로 교리적으로 탄탄한 기반을 가진 성도들이 많다. 그런데 누가 봐도 잘못된 신학적 해석, 비성경적 해석으로 오류가 있는 설교를 할 때 성도는 의구심으로 어~ 이상한데 반응할 것이다.

성도들이 목사님의 설교를 듣고~ 애

목사님의 설교가 너무나 간단하고 뻔한 도대체 설교 준비를 한거야 라고 성도들이 그 정도 설교면 나도 하겠다. 할 때에 나타나는 반응이다. 목사의 설교는 깊이가 있어야 한다.

성도들이 목사님의 설교를 듣고~ 으

J.C. 라일은 정곡을 찌르는 설교, 청중이 듣기 쉽고 오래 기억하는 설교는 결코 쉽지 않다고 말한다.[2] 정곡이 찔린다는 말이 무슨 의미인가? 바로 사도행전에 베드로의 설교를 듣고(너희들이 십자가에 이 예수님을 못 박았다) 성도들이 어찌할꼬? 하며 나타나는 반응이 으~이다. 진리가 진리로 가감 없이 선포될 때 뼈를 때리고 영혼을 찌르는 설교 앞에 성도들은 통회자복하게 된다. 진짜 은혜를 받으면 바로 이 반응이 나타난다.

성도들이 목사님의 설교를 듣고~ 에이씨~!

내가 아는 목사님 중에 설교를 하면 한 번씩 에이씨~ 뭐라카노 하면서 나가는 성도가 있다고 한다. 왜지? 알고 보니 정신적으로 온전치 않는 분이셨다. 크게 신경 쓸 일은 아니지만 힘이 빠지는 것은 어쩔 수 없다.

---

2) J.C.라일, 『단순하게 설교하라』, 장호준 역, 서울: 복있는 사람, 2012, p. 16.

▓실제 설교 원고

내가 아는 유능한 설교자들은 모두 자신이 가진 전부와 전 인격을 설교를 작성하고 전하는 일에 바쳤다. 설교가 그들의 삶을 채운 것이 아니라 그들의 삶 전체를 설교에 헌신한 것이다.

- 존 킬링거

백문이 불여일견이다. 설교이론은 실제설교로 구현되어야 한다. 이 설교원고들은 전포교회와 한국누가회(CMF)에서 사역하면서 실제로 섬겼던 내용이다. 또한 지금도 작은 교회를 섬기면서 이 원고로 설교하기도 한다.

실제 청중과 호흡하면서 현장에서 사용되어진, 사용되어지고 있는 설교이다. 글로만 적혀진 것이라 실제로 박정엽 목사가 어떤 스피치(억양과 톤)로, 눈빛으로, 손짓, 몸짓으로 설교 했는지는 알 수는 없지만 내용에 근거해 상상해 보시기 바란다.

지금도 작은 교회를 지키며 설교준비로 밤낮으로 수고하시는 우리 목사님들에게 이 설교원고가 도움이 되기를 바란다. 실제 음성설교가 궁금하다면 교회로 초대해 주시면 사례 없이 섬기도록 하겠다.

- ■ 〈묵상설교〉 절대감사
- ■ 〈헌신설교〉 뿌림의 비밀
- ■ 〈복음설교〉 십자가, 하나님의 지혜와 열심과 사랑
- ■ 〈반전설교〉 루저의 착각
- ■ 〈고난설교〉 실수하지 않으시는 하나님
- ■ 故 이경순 권사님 장례위로예배 설교
- ■ 박○○군과 김○○양의 결혼주례 설교

절대감사
(그 아홉은 어디 있느냐?)

박정엽 목사

누가복음 17장 11~17절

예수께서 예루살렘으로 가실 때에 사마리아와 갈릴리 사이로 지나가시다
가 한 마을에 들어가시니 나병환자 열 명이 예수를 만나 멀리 서서 소리를
높여 이르되 예수 선생님이여 우리를 불쌍히 여기소서 하거늘 보시고 이르
시되 가서 제사장들에게 너희 몸을 보이라 하셨더니 그들이 가다가 깨끗함
을 받은지라 그 중의 한 사람이 자기가 나은 것을 보고 큰 소리로 하나님께
영광을 돌리며 돌아와 예수의 발 아래에 엎드리어 감사하니 그는 사마리아
사람이라 예수께서 대답하여 이르시되 열 사람이 다 깨끗함을 받지 아니하
였느냐 그 아홉은 어디 있느냐

오늘 본문에는 예수님이 나병환자 10명을 고치는 사건이 등
장합니다. 예전 개역한글에서는 이 나병을 문둥병이라고 했는
데 문드러지다는 속어적 표현이지요. 다른 번역본에서는 한센

병이라고 부르는데 이 병의 정확한 의학용어의 명칭입니다. 한센병(leprosy)은 나균이 몸 전체를 공격하는 감염성질환입니다.

개인적으로 10년간 나병환우들이 모여 있는 소록도(사슴을 닮은 섬)를 찾아가서 수련회도 하고 국립소록도병원과 마을에서 봉사한 추억이 있습니다. 소록도는 일제 강점기부터 한센병에 걸린 사람들을 수용한 역사적 유래를 가지고 있는 너무나 슬픈 추억의 섬입니다.

나병을 일으키는 나균은 가장 먼저 눈을 공격합니다. 그래서 시력을 잃는 분들이 많습니다. 그리고 신경이 마비되어서 귀와 코가 떨어져 나가고 나중에는 손가락 발가락까지 모두 녹아서 없어지며 극심한 통증으로 고통을 당하는 병입니다. 이 소록도에 계시는 분들이 육체적으로 힘든 것 못지않게 이들을 정말 힘들게 하는 것이 있는데 그것은 바로 자녀들이 결혼할 때입니다.

이 분들의 자녀들이 세상적으로 이름만 대면 알 수 있는 성공한 분들이 정말 많다고 합니다. 대부분은 자녀들의 결혼식에 미안해서 가지 못한다고 합니다. 갔다가는 부모가 바로 사람들이 그렇게 천시했던 문둥병환자 라는 것을 온 세상이 알기 때문이죠. 그런데 더 가슴 안타까운 것은 먼저 자식들이 전화가 와서 엄마 미안한데 결혼식 오지마! 아빠 오면 안 돼 그 이야기를 들으면 가슴이 무너져 내린다는 것입니다.

그래서 하늘에서 저주를 내린다면 바로 천형으로서 이 병을 받는다고 말할 정도로 살아있으나 죽은 것만 못한 삶을 살게 되는 고통스러운 질병 중의 하나입니다. 육체의 고통뿐만 아니라 모든 인간관계가(자식마저도 등을 돌리는) 끊어지는 아픔을 경험해야 하는 것이죠.

예수님께서 한 마을을 지나고 계십니다. 그런데 멀리서서~ 맞습니다. 부정한 자이니 가까이 오면 안 되지요! 열 명의 나병환자들이 불쌍히 여겨달라고 소리를 지릅니다. 그렇지요 정말 불쌍한 자가 맞지요! 예수님께서 긍휼히 베푸셔서 그들을 깨끗이 고쳐주십니다. 예수님이 고쳐주셨다고 할 때에 피부 정도 깨끗하게 되었다는 의미가 아닙니다. 보이지 않던 눈이 보이는 것이지요! 꺾어진 무릎이 펴지고 말려 있는 손과 발이 다 고침 받는 것이지요. 놀라운 환희의 순간입니다. 예수님께서 지금 무엇을 행하고 계십니까? repair? 수리하고 계십니까? 아니지요 예수님은 restore! 바로 온전한 치유와 회복을 그들에게 베풀고 계신 것입니다.

이 예수님의 치유와 회복의 은혜가 지금도 질병으로 고통 받

는 교회의 성도님들과 가족들이 계시다면 그 위에 충만히 부어
지길 간절히 소망합니다.

그런데 문제가 발생합니다.

이 치유해주심이 감사해서 이방인, 사마리인 하나가 돌아와
예수님께 영광을 돌립니다. 그 때 예수님이 묻습니다. 내가 10
명을 분명히 고쳐주었는데 9명은 어디에 있는데 물으십니다.
뭐 깨끗하게 고침 받아 잘 살면 되지 이렇게 이야기하지 않으
시고 분명하게 따져 물으십니다. 예수님은 뒤끝이 있는 분인가
요?(웃음)

그리고 무시무시한 말씀을 하십니다. 정말 너 밖에 없니? 네
믿음이 너를 구원하였다 선포하십니다. 그러면 나머지 9명은
구원받았습니까? 못 받았습니까? 성경이 분명하게 이야기하고
있지 않기 때문에 우리는 단언할 수는 없지만 고침은 분명히 받
았는데 구원 받았는가에 대해서는 확신할 수 없습니다. 다른 본
문에서는 예수님은 믿음이 있으면 바로 구원을 즉각적으로 선
포하십니다. 그런데 오늘 본문은 예수님이 믿음과 구원 사이에
하나의 단계를 추가하고 있는 것을 볼 수 있습니다.

정확히 말하자면 네가 감사하러 왔으니 구원 얻었다 이렇게 말씀하지 않으시고 네 믿음이 너를 구원했다 말씀하십니다.

믿음이 있으면 무엇이 따라와야 합니까? 감사가 반드시 따라와야 합니다. 그리고 그 감사는 구원의 열매를 맺는 것입니다.

나았는데 치유 받았는데 도무지 감사가 없으면 믿음 없는 것이지요! 믿음 없으면 구원도 없는 것이지요. 고침 받고 감사하지 않으므로 더 중요한 것을 놓치고 있는, 먹고 떨어지는 연약한 인생이 되는 것입니다.

예전에 부산에서 사역할 때 ○○동에 작은 교회가 출석하는 여자 집사님의 남편이 병에 걸렸습니다. 아내 집사님이 교회가자 기도하면 주님이 고쳐주신다 그 말을 듣고 교회를 다니다가 그 병이 나았습니다. 할렐루야! 그런데 그 병을 고침 받은 여집사님의 남편이 교회에 헌금을 하고 다음 주부터 교회에 나오지 않았습니다. 그 봉투에 뭐라고 적혀있냐면 치료비 145,000원^(탄식) 얼마나 어리석은 인생입니까? 병고침을 넘어 영생으로 나아가야 하는데 거기서 멈추어 버린 것입니다.

돌아와 감사하지 않은 9명을 보면서 어떻게 그럴 수 있노? 말할 때에 성경이 무엇이라고 이야기하고 있습니까? 바로 그 9명이 바로 저와 여러분이라고 고발하고 있는 것입니다.

당연히 그 이방인 한 명처럼 감사하는 것이 너무나 당연하고 상식인데 왜 9명은 돌아와서 예수님께 감사하지 않았는가?

본문을 전후좌우에서 살피고 꼼꼼하게 묵상해서 두 가지 정도의 이유를 찾아냈습니다. 이 두 가지를 여러분들과 나누겠습니다.

첫째. 9명이 감사하지 않는 이유는 그들이 현실을 보고 현실에 사로 잡혔기 때문입니다.

회복된 시력으로 세상과 현실을 바라보는 것이 이상하다는 말입니까? 제가 그런 의미로 드리는 말씀이 아니죠!

그들의 피부가 깨끗하게 나았을 때 얼마나 감격하고 소리쳤겠습니까? 피 고름 나는 피부가 나았다. 깨끗해졌다 우와~! 100%의 감격이겠지요? 그렇게 나아서 동네로 들어갔더니 동네 사람들이 기본적으로 다 깨끗한 피부를 가지고 있는 것 아닙니까? 다 정상인 것예요! 그때 갑자기 감사지수가 50%로 떨어지는 것입니다. 나는 이제 "겨우" 정상인이 된 것입니다. 그런데 자세히 다른 사람들을 보니 피부가 정상인 것은 기본이고 얼굴이 너무 잘 생기고 예뻐요~ 송혜교, 송중기 닮은 외모에 가정 형편을 보니 아버지가 조물주 위에 건물주입니다. 아버지가 준재벌회장님입니다. 그 순간에 나는 뭐지? 감사가 0%가 되는 겁니다.

100%감사에서 50%, 0%로 내려오는데 체 얼마 걸리지 않더라.

저는 한국누가회, 부산 경남 울산에서 의대, 치대, 한의대, 간호대 예비의료인과 의료인을 섬기는 사역을 했습니다.

요즘 의대 들어가는 것은 하늘의 별따기입니다. 수능을 거의 다 맞춘다고 생각하면 됩니다. 한문제로 당락이 결정되고 한 문제로 지방이냐 인서울의대냐가 결정되고 한 문제로 빅3의대 가느냐가 결정됩니다. 의대입학에 내신 말고 수능을 보면 합격자 중에 고3현역은 20% 밖에 되지 않습니다. 나머지는 재수, 삼수, 사수생입니다. 사수는 사전에도 없는 단어입니다.

제가 아는 제자 중에 수능시험을 치는데 수학에서 한 문제가 풀리지 않는 것입니다. 이거 틀리면 의대 떨어지는 것입니다. 성도 여러분 여러분의 자녀가 수능을 보는데 모르는 문제를 만

났습니다. 어떻게 해야지요? 간절히 기도하고 겐또를 때리면 됩니다. (웃음)

그 친구가 기도하고 찍었는데 정말 맞아서 ○○의대 합격자 명단에 자기 이름이 ○○○! 얼마나 감격스러운 순간이었겠습니까? 삼수해서 이번에 떨어지면 군대 가야 하는데 그 순간 100%의 감동이고 감사이지요! 그런데 학교에 들어갔더니 놀라운 사실을 발견합니다.

다 기본적으로 합격문을 통과한 의대생(의치한간) 예비의료인입니다. 그 때 감격지수가 50%로 떨어지는 것입니다. 그리고 공부를 하면서 또 다른 사실을 알게 되지요! 내가 별로 공부를 못한다는 사실을 깨닫습니다.

고등학교 때는, 대학 때는 늘 1등, 과탑을 놓쳐본 적이 없는데 갑자기 내 등수가 두 자리, 세 자리가 되는 것이죠. ○○등, ○○등 그리고 수업을 열심히 듣는데 재시, 삼시가 뜹니다. 그 순간 감동지수는 얼마 지나지 않아서 0%로 바닥으로 내려앉아버리는 것이죠! 합격한지 1년이 되었는데도 아직도 합격증 가지고 다니면서 자랑하며 감격하지는 않습니다.

한국에서 제일 좋은 의대는 어디입니까? 바로 서울의대입니다. 예전에 만점자도 서울의대 떨어져 연대의대 갔지요? 제가 누가회 학생수련회에서 예비의료인들 앞에서 말씀강사로 섬길 때 였습니다. 4번의 저녁집회를 마치고 조모임 마치는 것 보다가 가려는데 한 여자아이가 울면서 나오는 것이었습니다. 그 때 제가 학생디렉터에게 왜 저 아이가 울고 가냐고 물었습니다. 학생디렉터가 말하길 목사님 저 친구 서울의대 다닙니다. 아니 서울 의대면 최고의 의대인데 왜 우냐고 늘 웃고 다녀야 하지 않냐고? 그때 학생디렉터가 말하길 조금 전에 조모임을 하면서 나눔을 했는데 그 서울의대 다니는 친구가 처음에 서울 의대 들어가서 너무 좋았다는 것입니다. 그런데 막상 공부를 하니 거기에는 괴물들이 있더랍니다. 수학을 푸는데 암산만으로 정답을 턱하니 계산하고 자기는 줄치면서 형광펜 그으면서 암기를 하는데 그냥 책을 통째로 외워버리더라 하는 것입니다. 그 친구들과 경쟁하면서 내가 바보구나 멍청하구나 학교생활이 너무 불행하고 힘들었다는 것을 나누었답니다. 여러분 한국 최고의 서울의대 다녀도 감사가 안 됩니다.

의대에 합격하면 주님 여기에 보내주시면 제가 이 캠퍼스를 말씀으로 뒤집고 선교사로 저를 드리고 결단했지만 재시, 삼시 뜨고 유급당하면 병원에서 잠 못 자고 환자들에게 한 소리 들으면 개원가에서 떨어지는 매출장부와 갚아야 할 이자를 보면서 급기야 그런 고백을 처절하게 됩니다.

왜 하나님 나를 이 의대(의치한간)에 이 학교에 보내가지고 이 병원에 보내가지고 고통을 당하게 하십니까? (합격만, 면허만, 개원만 시켜주시면 할 때는 언제이고?) 합격 때, 면허 받을 때, 개원할 때 100%의 감사는 어디로 다 사라지고 바닥을 뚫고 지하로 내려가 불평하고 원망하고 있더라! 이것이 연약하고 죄 된 인생의 어쩔 수 없는 본질과 한계이지요.

현실을 비교해서 행복할 수 있나요? 절대 불가능합니다. 왜냐하면 나보다 더 괜찮고 더 나은 자리에 있는 사람이 반드시 있기 때문입니다. 그 사람들과 비교하면 불평과 원망이 나올 수밖에 없습니다. 그런 면에서 우리는 하박국 선지자와 욥의 고백을 들어야 합니다.

(하박국 3장 17,18절) 비록 무화과나무가 무성하지 못하며 포도나무에 열매가 없으며 감람나무에 소출이 없으며 밭에 먹을 것이 없으며 우리에 양이 없으며 외양간에 소가 없을지라도 나는 여호와로 말미암아 즐거워하며 나의 구원의 하나님으로 말미암아 기뻐하리로다

우리는 이 찬양 박수치면 율동하면서 신나게 부릅니다.

무화과나무잎이 마르고 포도열매가 없으면~~ (율동에 웃음)

근데 무화과나무, 포도나무, 감람나무에 왜 열매가 없습니까?
우리 회사 부도났네 우리집 보증서서 망했네 그 말입니다. 우리
의 양이 왜 없습니까? 전염병으로 다 죽은 것입니다. 외양간에
왜 소가 없습니까? 홍수가 나서 다 쓸려 나간 것입니다. 그 순간
에 하박국이 무엇이라고 고백합니까? 아무것도 없지만 빈털터
리지만 여호와가 계시니 하나님이 계시니 나는 그분으로 인하여
즐거워하고 감사하고 기뻐하리로다 고백하고 있는 것입니다.

(욥기 1장 21,22절) 이르되 내가 모태에서 알몸으로 나왔사온즉 또한
알몸이 그리로 돌아가올지라 주신 이도 여호와시요 거두신 이도
여호와시오니 여호와의 이름이 찬송을 받으실지니이다 하고 이
모든 일에 욥이 범죄하지 아니하고 하나님을 향하여 원망하지
아니하니라

욥의 이 고백 전에 무슨 일이 일어납니까? 모든 소유물이 불
타 없어지고 모든 종들이 죽고 눈에 넣어도 아프지 않는 자녀들

이 다 죽습니다. 그 순간에 욥이 무엇이라고 고백합니까? 주신 이도 거두신 이도 여호와시니 상황을 초월하여 그 주님을 주목하면서 붙잡으면서 불평과 원망이 아니라 도리어 감사의 찬양을 드리고 있습니다.

노아의 때 어땠습니까? 먹고 마시고 시집가고 장가가고 일하고 그러다가 정작 중요한 구원의 때를 놓치더라. 그게 인생입니다. 나병에서 나아서 예수님께 감사하러 가려는데 친구들이 붙잡습니다. 야 오늘처럼 기쁜 날 한잔해야지? 친척들 친지들 먼저 만나야지. 파티도 해야지 예수님 어디 안 가신다 예수님께 천천히 가면 된다. 여러 가지 현실적인 이유들이 붙잡습니다.

현실에 매이지 않고 현실을 뛰어넘어 예수님께 즉각적으로 감사하러 달려가는 성도되시기를 간절히 소원합니다.

두 번째, 감사하지 못하는 이유는 죄 된 인간은 본성적으로 "자기 중심적"이고 "주관적"이기 때문입니다. 다시 말해 깨어 있어야 감사할 수 있습니다.

마태복음 18장에 만 달란트 탕감 받은 사람이 나옵니다. 우리는 주일학교 사역을 하면서 달란트를 너무나 쉽게 많이 주기 때문에 그 가치를 우습게 여기는 경우가 있는데 한 달란트는 금 34kg 정도 됩니다. 그런데 우리 성도님들은 아무도 놀라지 않습니다. 보니깐 우리 집에 금100kg 있는데 그런 눈빛입니다.(웃음) 금1kg이 현시세로 1억 2천 정도합니다. 현재 우리 돈으로 환산하면 한 달란트는 약 40억 정도가 됩니다. 그게 만 개입니다. 수 조가 될 수 있고 수십 조가 될 수 천문학적 금액이 아닙니까?

자영업하시는 분들은 이 빚의 무게를 실감하실 겁니다. 요즘은 자영업 문을 닫으려고 해도 못 닫습니다. 왜냐하면 코로나 때 대출받았던 돈은 가게를 접으면 전부 일시에 상환해야 하기 때문에 그 빚 때문에 울며 겨자 먹기로 계속 장사를 할 수 밖에 없는 것입니다.

나를 옥죄고 고통스럽게 했던 그 돈 이제 안 갚아도 된다! 수 조를 탕감 받을 때 그 순간 얼마나 행복하고 즐겁고 환희의 순간이었겠습니까? 그 기쁨에 겨워 길을 가다가 누구를 만납니까?

자기에게 100데나리온을 빚진 사람을 만납니다. 한 데나리온은 하루 일당 정도 됩니다. 900만원에서 1000만원 정도 되지요.

그 사람의 목을 잡고 빚을 갚으라고 난리를 치고 있습니다. 그가 방금 탕감 받았던 엄청난 거금에 비하면 먼지 같은 금액인데 그냥 없다고 칠 수도 있는 돈인데 보내 줄 수도 있는데 그 순간 그게 더 커보여서 화를 내며 난리가 치고 있는 것이지요. 이것이 자기 밖에 보지 못하는 연약한 인생 아닙니까?

누가복음 18장은 항상 기도하고 낙심하지 말아야 할 것을 권면하십니다. 데살로니가전서 5장 16절~18절 항상 기뻐하라 쉬지 말고 기도하라 범사에 감사하라! 말씀하십니다.

기도해야 무릎 꿇어야 우리가 받은 그 큰 은혜와 우리를 불평케 하는 삶의 주관적 현실을 분별 할 수 있는 <객관성>이 담보되는 것입니다.

여러분은 주께서 베푸신 갚을 수 없는 그 큰 은혜를 기억하며 깨어 기도하고 있습니까?

한국에서 가장 감사하지 않을 동네,
불평과 원망만 가득한 할 것 같은 곳이 어디일까요?

저는 아마 소록도가 아닐까 합니다. 그런데 제가 오랜 시간 중고등부와 청년부, 교회를 데리고 소록도에서 수련회와 봉사활

동하면서 경험한 성도들의 삶과 에피소드는 전혀 그렇지 않습니다.

경남의 ○○교회 중고등부를 데리고 처음으로 봉사하러 갔습니다.

소록도에 처음 가서 만났던 분이 김용덕 할머니(작년에 93세로 소천 하셨습니다)이셨습니다. 故 김용덕 할머님은 제가 중, 고등학생들과 봉사하러 한 집에 들어갔는데 한 쪽에 웅크리고 계셨습니다. 그런데 두 눈은 보이지 않고 얼굴은 형체가 없고 두 손과 두 발이 다 녹아서 없었습니다. 처음에 저는 사람인가 의심을 할 정도였습니다. 우리 아이들도 그 순간 얼음이 되었습니다. 그런데 좀 있다고 남편이 들어오시는데 벽을 짚고 들어오시는 겁니다. 남편은 거동은 되는데 눈이 보이지 않는 맹인 나병환우부부였습니다. 우리는 정신을 차리고 화장실과 방 청소하고 설거지 해드리고 일어나려는데 할머께서 우리 아이들에게 다 앉으라고 하시는 것입니다.

그 부부가 우리 아이들을 앉혀놓고 남편은 하모니카로 찬송가를 연주하셨습니다. 손가락이 녹아서 거의 없으시니 하모니카가 그 분들이 연주할 수 있는 유일한 악기이기도 한 것이죠!

그리고 할머니께서 성경을 암송해주셨습니다. 소록도에는 성경을 통째로 외우는 분들이 많습니다. 모세오경, 신약을 다 외우고 사복음서를 다 외우십니다. 김용덕 할머니도 사복음서의 몇 군데를 암송해 주셨습니다. 그리고 우리가 자리를 일어나려고 할 때 김용덕 할머니께서 마지막으로 우리 학생들에게 그런 말씀을 하셨습니다.

"너희들 돌아가면 신앙생활 잘 해야 한다."

그때 심장이 멎는 것 같았습니다. 10살에 소록도 들어와서 시력 잃고 코 떨어지고 입 녹고 손, 발 다 녹아 없어져 평생을 암흑에서 기어 다니셨는데 하나님께서 김용덕 할머니에게 도대체 무엇을 해주셨기에(눈물)
돌아가면 신앙생활 잘해야 한다고~ 우리가 할머니를 위로하고 도전하는 것이 아니라 도리어 할머니께서 우리를 일깨우시고 도전하셨습니다.

그 수련회에 정말 변화와 상관없는 완고한 여자 친구가 있었는데 부모님이 나중에 장로님, 권사님이 되셨는데 어떤 수련회와 캠프, 그 어떤 탁월한 강사도 변화시키지 못하는 철벽의 여자아이였습니다. 그런데 그 할머니의 한마디에 이 친구가 움찔하며 어찌 할 바를 모르는 것이었습니다. 그리고 수련회를 마치고 배를 타고 소록도를 떠나는 순간부터 이 아이가 울기 시작하더니 차를 타고 교회에 도착할 때까지 계속 해서 우는 것이었습니다. 그리고 그 친구가 할머님의 말씀대로 정말 변화되어 신실하고 아름답게 믿음 생활하는 멋진 친구가 되었습니다.

그분들은 고통과 고난(일제의 탄압과 질병의 아픔, 6.25전쟁, 모든 인간관계의 단절)가운데 오로지 주님 한 분 바라보며 믿음으로 사셨고 삶으로 설교하는 분이셨습니다. 미사여구나 화려한 언변이 아닙니다. 그래서 그 분들의 말 한마디가 영향력 있고 사람을 변화시키는 힘이 되는 것입니다.

어떤 강사도 변화시키지 못한 그 아이를 한 줄의 말씀으로 변화시키고 결단케 하셨으니 故 김용덕 할머니는 나의 생애에 경험했던 모든 캠프(수련회)를 통틀어 가장 탁월한 강사가 아닐까 합니다.

소록도는 새벽기도가 3시 반입니다. 그런데 지금은 전동차나 전동휠체어가 있어서 쉽게 교회로 오시지만 예전에 그런 게 어디 있었습니까? 우리는 5분이면 오지만 그분들은 기어서 오시니 1시간이 걸릴 때도 있습니다. 그러니 교회 마당을 지나 교회 마룻바닥에 오실 때는 무릎과 팔꿈치가 다 까져서 피를 바르고 들어오십니다. 그렇게 기도하고 또 기어서 피를 바르시면서 가시는 것입니다. 소록도는 12시 정오가 되면 나라를 위해 기도하십니다. 자신들의 필요가 아니라 이 나라와 교회를 위해서 기도하십니다. 저는 한국교회가 이렇게 부흥했고 이 나라가 세계의 열강과 어깨를 견주는 나라가 된 것은 다름 아닌 그분들의 피를 바른 기도, 정오기도, 새벽을 깨운 기도에 기초해 있다고 믿는 사람 중의 하나입니다.

소록도에는 성도님들이 자기 관을 만들어 놓고 한 번씩 그 관에 들어가서 주무시는 분이 계신다고 합니다. 일반성도는 도저히 이해가 되지 않는 모습이 아닙니까? 그런데 오랜 시간 소록도 다니면서 어느 순간 그것이 무엇을 의미하는지 알게 되었습니다. 그 관에 들어가 죽는 날 그리고 다시 눈 뜨는 날 그렇게 보고 싶었던 예수님을 만나 뵙는 것입니다. 그 때는 암흑이 아니라 기어 다니는 것이 아니라 새로운 피조물로 뛰고 걸으며 선명하게 주님을 보며 찬양할 그 날을 학수고대하기 때문이 아닐까요?

일제 강점기, 소록도에 감금된 한센씨병환우들은 4번 죽는다고 합니다. 너희들은 더러운 족속이니 자식 나아서 안 되니 정관수술을 당하고 생체실험을 당하고 숨이 끊어져 죽고 불에 던져져 화장당해 마지막으로 죽는다고 합니다.

지금도 소록도에 가면 일제 시절 운영되었던 감금실 감옥이 있습니다. 거기에 갇혀 고통 받았던 김정균 성도님의 시문이 복원되어져 있습니다. 그 시를 제가 읽어드리겠습니다.

감금실

김정균

아무 죄가 없어도 불문 곡직하고 가두어 놓고
왜 말까지 못하게 하고 어째서 밥도 안주느냐
억울한 호소는 들을 자가 없으니
무릎을 꿇고 주께 호소하기를
주의 말씀에 따라 내가 참아야 될 줄 아옵니다

내가 불신자였다면 이 생명 가치 없을 때에는

분노를 기어코 폭발시킬 것이오나

주로 인해 내가 참아야 될 줄 아옵니다

이 속에서 신경통으로 무지한 고통을 당할 때

하도 괴로워서 이불껍질을 뜯어

목매달아 죽으려고 했지만 내 주의 위로하시는 은혜로

참고 살아온 것을 주께 감사하나이다

저희들은 반성문을 쓰라고 날마다 요구받았어도

양심을 속이는 반성문을 쓸 수가 없었노라

질병의 아픔과 모든 인간관계의 단절과 일제의 참혹한 압제 아래에서 김정균 성도님이 무엇이라고 고백하고 있습니다.

감사할 이유가 하나도 없는 이곳에서도 내 주의 위로하시는 은혜가 있고 십자가 사랑이 있어 주께 감사하다고~ 나아가 인내하며 신앙의 지조를 지킨다고 진실 되게 고백하고 있습니다.

나병보다 더 참혹한 죄에서 우리는 구원받았고 치유 받았습니다.

120년 꼭 살아야 합니까? 우리는 영원한 생명을 누릴 자입니다. 아버지가 재벌이 아니라고 슬퍼하지 마십시오. 우리가 하나님을 아버지로 부를 수 있는 자녀의 놀라운 권세를 가졌습니다. 한강의 보이는 수십억짜리 아파트에 살지 않는다고 괴로워하지 마십시오. 우리가 하나님의 나라를 통째로 유업으로 받을 자들입니다.

세상의 조그만 한 것들, 부스러기 같은 것들, 영원하지 않은 것들 있다고 없다고 좌절하고 불평하고 원망하고 있다면 그래서 바닥을 치고 내려가고 있다면 하나님의 뜻이 결단코 아닐 것입니다.

하나님께 영광 돌리는 삶이란 어떤 것일까요?

지위를 드리고 돈을 드리는 것일까요?
그런 것들은 하나님께 다 이미 다 있습니다.
하나님은 이 우주를 가지고 계시고 가장 높은 곳에 계십니다.

오늘 본문은 나음을 입은 나병환자가 주님께 와서 엎드려 감사하며 영광을 돌렸다고 합니다. 무슨 말입니까?
감사가 곧 하나님께 영광 돌리는 최고, 최선의 삶이란 말을 우리에게 하고 싶은 것입니다.

비교하며 불평과 원망이 넘쳐나는 세상에서

예수님 한분 때문에 그 변함없고 신실한 사랑 때문에

절대 감사로 하나님께 영광 올려드리는

우리 성도님들 되시기를 간절히 소원하고 축복합니다.

찬양곡《감사해》

감사해 시험이 닥쳐올 때에

주께서 인도하시니 두려움 없네

또 감사해 고통이 찾아올 때에

주께서 지켜주시니 승리하리라

나의 모든 생활속에서

주님이 함께 하시니

주님의 성령 나를 인도하시리

시험이 나를 찾아올 때 주님 지켜주시리

주님의 성령 나를 인도하시리

감사해(감사해) 시험이 닥쳐올 때에
주께서 인도하시니 두려움 없네
또 감사해 고통이 찾아올 때에
주께서 지켜주시니 승리하리라

나의 모든 생활속에서
주님이 함께 하시니
주님의 성령 나를 인도하시리
시험이 나를 찾아올 때 주님 지켜주시리
주님의 성령 나를 인도하시리

뿌림의 비밀

박정엽 목사

마가복음 4장 1~8절

예수께서 다시 바닷가에서 가르치시니 큰 무리가 모여들거늘 예수께서 바다에 떠 있는 배에 올라 앉으시고 온 무리는 바닷가 육지에 있더라 이에 예수께서 여러 가지를 비유로 가르치시니 그 가르치시는 중에 그들에게 이르시되 들으라 씨를 뿌리는 자가 뿌리러 나가서 뿌릴새 더러는 길 가에 떨어지매 새들이 와서 먹어 버렸고 더러는 흙이 얕은 돌밭에 떨어지매 흙이 깊지 아니하므로 곧 싹이 나오나 해가 돋은 후에 타서 뿌리가 없으므로 말랐고 더러는 가시떨기에 떨어지매 가시가 자라 기운을 막으므로 결실하지 못하였고 더러는 좋은 땅에 떨어지매 자라 무성하여 결실하였으니 삼십 배나 육십 배나 백 배가 되었느니라 하시고

이 본문은 교회를 다닌 성도들이라면 너무나 익숙하게 들었고 알고 있는 본문 중의 하나일 것입니다. 그런데 이 본문의 설

교를 들으면 성도의 입장에서는 어떤 마음이 듭니까?

　바로 죄책감이 듭니다. 내가 길가인가? 돌짝밭인가? 가시덤불인가? 그리고 목사님들은 대부분 결론이 옥토가 됩시다! 그렇게 설교가 결론 맺어집니다. 그런데 그렇게 설교해도 틀린 것은 아닙니다. 세부적으로는 맞는 이야기입니다. 그런데 오늘 마가복음 본문의 상황과 예수님의 의도를 살피면 본문은 좀 더 중요한 이야기를 하고 있다는 것을 잊어서는 안 됩니다. 본문의 초점은 이 밭이냐 저 밭이냐 그 밭이냐는 밭의 상태가 아니라 씨를 뿌리는 농부의 입장에 맞추어져 있습니다.

　오늘 농부가 씨를 뿌리는데 원래는 어떤 밭에 뿌리려고 했습니까? 옥토요!(성도들) 예 우리는 그렇게 일반적으로 생각합니다. 농부가 옥토에 씨를 뿌리려고 하는데 바람도 불고 실수도 하고 그래서 길가, 돌짝, 가시덤불에 떨어졌다고 생각합니다. 그런데 오늘 예수님이 비유로 들고 계시는 이 농사법(농법)은 어느 나라 농법입니까? 이스라엘요!(성도들) 예 맞습니다. 한국의 농법이 아니고 이스라엘의 농법입니다.

　저는 김해 장유에 살고 있습니다. 저의 장유 옆에 4천만 평에

달하는 드넓은 김해평야가 있습니다. 저는 갇힌 곳에서는 잘 기도하지 못해서 김해평야를 20년째, 봄 여름 가을 겨울 산책하면서 기도했습니다. 그렇다면 제가 농사짓는 것 많이 봤겠습니까? 적게 봤겠습니까? 정말 많이 봤습니다.

김해평야를 보면 밭, 논, 비닐하우스가 정확하게 구분되어져 있습니다. 경작기가 되며 논, 밭을 잘 갈고 모와 씨를 심습니다. 그리고 제가 곁에서 보면 씨를 뿌리는데 그게 길에 떨어지거나 돌에 떨어지거나 가시덤불에 떨어지는 경우를 거의 보지 못했습니다. 정확하게 농부가 의도한대로 떨어집니다. 그리고 한국은 비가 오는 4월에서 9월까지 주로 농사를 짓습니다. 이것이 한국의 농법입니다.

그런데 이스라엘은 어떻습니까? 거꾸로 입니다. 4월에서 9월까지는 농사를 짓지 않습니다. 왜냐하면 비가 오지 않는 건기이기 때문입니다. 그 밭 사이로 동네 사람들이 걸어 다니면서 길이 생깁니다. 그러니 밭 안에 이미 여러 길이 나 있고 밭의 상태가 대부분 좋지 않아 돌이 굴러다니고 가시덤불이 자라고 그리고 그 안에 옥토도 있습니다. 그리고 이스라엘은 한국과 달리 석회질의 땅이라 도리어 씨를 뿌리고 밭을 갈아엎습니다.

자 ,이스라엘의 농사법을 들었다면 농부가 실수 한 겁니까? 아닙니까?

절대 실수 한 것이 아닙니다. 농부가 씨를 뿌리면 당연히 길가에 돌, 가시덤불에 떨어질 것을 너무도 잘 알았습니다. 그런데도 왜 씨를 뿌립니까? 바로 그 밭 안에 옥토가 있기 때문입니다. 그러므로 밭의 상태에 관계없이 열심히 뿌리면 그 씨가 옥토를 만나면 반드시 30, 60, 100배로 거두게 된다. 첫 번째 도전이고요~ 우리가 읽지는 않았지만 31절에 보면 겨자씨가 뿌려집니다. 그 작은 겨자씨도 뿌려지고 심겨지고 자라서 새들이 깃들이 정도로 왕성하게 자랍니다. 하나님의 나라가 처음에는 보이지 않고 미미하고 작은 것 같지만 여전히 자라고 확장되고 있다 두 번째 도전을 우리에게 주고 있습니다.

첫째 뿌리면 반드시 거두게 됩니다. (8절)
8절을 다같이 읽도록 하겠습니다. 더러는 좋은 땅에 떨어지매 자라 무성하여 결실하였으니 삼십 배나 육십 배나 백 배가 되었느니라 하시고 저는 35년간 어린이, 청소년, 청년 선교단체에서 사역했습니다. 예비의료인(의대, 치대, 한의대, 간호대)과 의료인을 섬기는 한국누가회라는 단체에서 사역할 때 부산 경남 울산에서 총 8개의 캠퍼스를 섬겼는데 그 중의 절반인 4개를 개척했습니다. 교회를 개척하는 것도 쉽지 않지만 일반인 목사가 의료인공동체에 들어가서 이미 문을 닫은 선교단체와 신생캠퍼스를 개척하는 것도 결코 쉽지 않은 사역입니다.

그런데 하나님의 놀라운 은혜로 3개월, 6개월, 1년 만에 캠퍼스 3개가 개척되었습니다. 그런데 마지막 남은 양정의 한 캠퍼스가 있었는데 2년이 걸려도 아무 일도 일어나지 않는 것이었습니다. 밭으로 비유하자면 돌짝밭 캠퍼스였습니다. 혼자서 도서관에서 성경 읽고 식당에서 밥먹고 캠퍼스를 돌면서 기도하고 정말 외롭고 힘든 시간이었습니다.

할 수 있는 모든 방법을 총동원하며 전도하고 기다렸는데 아무 일도 일어나지 않았습니다. 혼자서 그렇게 2년 있으니 정말 우울증이 생길 정도였습니다. 그렇게 2년을 외롭게 섬기고 집에 가서 울면서 기도하며 주님께 따졌습니다. 주님 안 되잖아요 나 안할래요. 나 할 만큼 했잖아요~ 그런데 그 순간 마음속에 주님의 위로가 훅 하고 들어왔습니다. "힘들었제? 나는 니가 포기 안했으면 좋겠다!" 그 순간에 그 동안의 외로움과 어려움이 눈 녹듯이 사라지고 용기가 생기는 것이었습니다. 그래서 그 밤에 주님께 그렇게 고백했습니다. 좋습니다. 주님! 5년이 걸리든 10년이 걸리든 제가 이 선교단체 그만 둘 때까지 이 돌짝밭 캠퍼스 포기하지 않겠습니다.

그리고 한 달 뒤에 드디어 김○○자매를 만나게 됩니다. 한명이 오는데 천하가 걸어 들어오는 심정이었습니다. 그런데 문제는 이 자매는 우리 누가회(CMF)를 잘 모르는 자매였고 자매가 보기에 박정엽 목사는 정말 불쌍하게 보이고 혹시 신천지인가? 의심도 되고 그래서 마음을 적극적으로 주지는 않았습니다. 하지만 저는 나름 최선을 다해 섬겼고 다른 캠퍼스도 데리고 가고 그러면서 신뢰가 쌓이고 드디어 1년이 지나자 선영이, 유림이, 연종이 등등 다른 친구들을 데리고 오면서 드디어 예배공동체가 되고 마지막 남은 8번째 캠퍼스가 세워지면서 부산 경남 울산 모든 캠퍼스가 빈 캠퍼스 없이 완편되었습니다. 지금도 돌이켜보면 너무나 감사한 시간이었습니다. 김○○자매의 수고와 헌신이 이 공동체가 세워지는데 너무나 결정적 계기가 되었습니다.

그렇게 수고한 자매가 감사해서 본과 2학년 때 김○○자매에게 소원이 무엇이냐고 물었습니다. 그때 자매가 목사님 저보다 키가 큰 형제와 결혼하고 싶다고~ 이 자매는 키가 170cm가 넘고 거의 모델 같은 미모의 자매였습니다. 그 기도제목을 받고 집에 가서 하나님께 이 공동체가 세워지는데 너무나 고생하고 수고한 자매가 소원이 하나 있다고 합니다. 키가 큰 형제를 달라고 합니다. 돈을 달라합니까? 권력을 달라합니까? 키 좀 큰 형제 달라고 하지 않습니까? 주셔야 겠습니까? 마셔야 겠습니까?(웃음) 그렇게 기도했습니다. 그리고 얼마 있다가 이 자매가 형제를 만났는데 정말 키가 큰 180cm에 가까운 형제를 만났습니다. 할렐루야 ~!

하나님은 기도한대로 정확하게 주시는 분이십니다. 그런데 이 형제가 ○○대 의대를 수석으로 들어온 형제입니다. 믿음은 얼마나 좋은지요! 하나님은 정확하게 주시되 풍성하게 주시는 분이십니다. (아멘) 현재 두 분은 결혼해서 아들, 딸 놓고 형제는 ○○의학전문의가 되었고 자매는 경기도 신도시에서 한의원을 개원했는데 여러분 그 한의원 이름이 뭘까요?

바로 옥토한의원입니다. (와~) 그 돌짝밭 같은 캠퍼스에서 옥토

같은 유일한 자매였는데 본인의 마음 밭인 옥토처럼 그대로 이름을 따라 지었습니다.

(시편 126편 5절) 눈물을 흘리며 씨를 뿌리는 자는 기쁨으로 거두리로다

뿌리는 것이 결코 쉽지 않지만 그러함에도 열심히 뿌리면 하나님의 때에 반드시 거두게 된다!

저희 합동 측에 브니엘고등학교 교목을 하신 이정삼 목사님이 계십니다. 교목을 하시다가 부산 남구에 석포교회를 개척하셨습니다. 돈이 없어서 함석으로 교회 지붕을 하고 교회를 시작하셨는데 교회 바로 앞에 대나무를 세운 집이 하나 있었습니다. 여러분 대나무가 꽂힌 집은 어떤 집일까요? 예 맞습니다. 무당집입니다.

여러분 무당은 밭으로 따지면 어떤 밭입니까? 아스팔트밭입니다.(웃음) 돌짝밭은 흙이라도 묻어 있으면 뭐라도 나는데 아스팔트는 유기화합물이라서 아무것도 날 수가 없습니다. 그런데 그 무당할머님 집을 보니 아들들, 며느리들, 손자, 손녀들이 버글버글한 것입니다.

목사님이 저 집 전도하면 우리교회 부흥하겠다는 얼토당토하지 않은 생각을 하시고 일주일 금식 기도를 하시고 전도하러 가셨는데 그날따라 무당할머니가 굿을 하고 있었습니다. 둥둥둥 어허허허허 ~~ 갑자가 무당 할머니가 안된다 안된다 여기 혹시 예수 믿는 분 있으면 나오시오~! 하시는 겁니다. 그래서 목사님이 자수하여 나가시니 무당할머니가 가시라고 당신 때문에 오늘 굿이 안된다고 그래서 그 말을 듣고 목사님이 가시다가 좀 억울한 것이었습니다. 일주일이나 금식했으니깐요~

그래서 다시 돌아와 숨어서 보고 있는데 무당할머니가 다시 굿을 하시는데 둥둥둥 어허어허허 그러다가 갑자가 안갔다 안갔다(웃음) 숨어 있는 목사님을 불러내시고 왜 안 갔나고 화를 내시다가 목사님의 눈을 보는 순간 갑자가 놀라는 것이었습니다.

나는 작은 신을 섬기는 사람인데 당신은 큰 신을 섬기는 사람이다. 그렇게 그날 굿은 끝났습니다. 그리고 다음 주 주일에 무당할머니가 아들들 며느리들 손자 손녀들 다 데리고 교회로 출석하셨습니다. 할렐루야 ~! 정말 목사님의 무모한 도전이었는데 그 전도로 한 집안이 통째로 예수의 품안으로 들어온 것이었습니다. 그리고 감사한 것은 손자들 중 3명이 목사가 되었습니다. 할렐루야 ! 그 세 명의 목사 중 한 명이 바로 이○○목사님 이십니다. 누구신지 모르십니까? 합동 측 한강 이남의 가장 큰 교회 중의 하나인 ○○로 교회 담임목사님이십니다.

이정삼 목사님이 밭에 상관없이 믿음으로 도전하고 뿌렸을 때 그 은혜가 심겨지고 자라서 그 손자들을 통하여 한국교회를 섬기는 위대한 일에 쓰임 받게 되더라는 것입니다.

안뿌리면 NOTHING입니다. 뿌리면 SOMETHING이 있습니다.
성장하는 교회는 전도하는 교회입니다.
성장이 멈춘 교회는 더 이상 뿌리지 않습니다.

저는 김해 사는데 김해에도 정말 이단들이 극성입니다. 신천지, 안상홍, JMS, 여호와의 증인 등등 이단들에게 배울 것은 하나도 없습니다. 그런데 그들에게 도전받는 것은 있습니다. 진리가 아님에도 그렇게 자기 삶을 내어 놓고 뿌리고 전도하고 전한다는 것입니다. 왜 우리는 참된 진리를 가지고 있음에도 밭의 상태를 불평만 하고 뿌리지 않는지 우리 자신을 돌아보는 시간이 되었으면 합니다.

두 번째 하나님의 나라가 지금도 확장되고 있습니다. (30~32
절)

또 이르시되 우리가 하나님의 나라를 어떻게 비교하며 또 무
슨 비유로 나타낼까 겨자씨 한 알과 같으니 땅에 심길 때에는
땅 위의 모든 씨보다 작은 것이로되 심긴 후에는 자라서 모든
풀보다 커지며 큰 가지를 내나니 공중의 새들이 그 그늘에 깃들
일 만큼 되느니라

겨자씨는 가장 작은 씨 중 하나이지요!
사라지는 것 같고 없어지는 것 같은데 그런데 그 겨자씨가 뿌
려지고 심기우고 자라더니 새들이 둥지를 틀 정도로 왕성해지
더라~!

분당우리교회 이찬수 목사님이 계십니다. 이찬수 목사님의
아버님은 고신측 개척교회 목사님이셨습니다. 40일 금식기도를
하다가 안타깝게 천국에 가십니다. 목사님이 그렇게 가시면 남
은 가족들은 쉽지 않은 시간들이 기다리고 있습니다. 어찌해서
이찬수 목사님이 목사님이 되시고 사랑의 교회 부목사로 사역
하실 때 故 옥한흠 목사님이 그런 이야기를 늘 하셨습니다. 여
러분 우리교회에 이찬수 목사님이 있습니다. 여러분 주목하십

시오 주께서 이 종을 통해서 큰일을 행하실 것입니다.

故 옥한흠 목사님이 왜 그런 이야기를 하셨습니까? 이유는 아버님이 금식기도하시다가 천국 가셨다는 것을 아셨고 그 생명 다한 기도가 결코 사라지지 않고 반드시 아들을 통해 열매 맺을 것을 확신하셨기 때문입니다.

이찬수 목사님은 교회를 개척해서 수만 명이 모이는 교회로 성장시켰습니다. 저는 큰 교회가 되었다 그것은 크게 중요하지 않다고 생각합니다. 그런데 그 큰 교회가 자기의 성장만 계속 추구하는 것이 아니라 성도 1만 명을 떼어 29개 교회로 분립개 척하고 작은 농어촌교회 돕기 프로젝트를 하고 지금도 하고 있다는 것입니다.

이렇게 한국교회에 메시지를 주는 귀한 교회가 된 것은 아버님의 기도가 사라지지 않고 그 아들을 통하여 하나님께서 아름답게 열매 맺게 하셨음을 우리는 확신할 수 있습니다. 기도로, 헌신으로 심는 것은 절대 사라지지 않습니다. 하나님의 때에 반드시 풍성하게 아름답게 열매 맺고 결실하게 됩니다. (아멘)

100년 전 이야기를 하겠습니다. 미국에서 〈선데이〉라는 야구선수가 있었습니다. 이 분이 예수님을 믿고 부흥사가 되었습니다. 이분이 복음을 전하면 많이 믿을 때는 25%가 예수 믿는 정말 하나님이 들어 쓰시는 위대한 종이었습니다.

미국의 샤롯때라는 곳에 〈함〉이라는 목사님이 〈선데이〉목사님을 강사로 모시고 3주간 부흥집회를 열었습니다. 얼마나 많은 사람들이 왔겠습니까? 마지막 날 이제 예수 믿기로 결단하신 분들은 일어나십시오. 복음초청을 했습니다. 여러분 몇 분이 일어났을까요? 안타깝게도 딱 한 명 12살짜리 코흘리개 남자아이가 손을 들면서 저 예수 믿을게요. 일어났습니다. 함 목사님과 선데이 목사님은 수많은 집회에서 한 번도 경험하지 못한 1명의 결신자를 얻고 낙심하고 힘들어했습니다.

그런데 여러분 그 때 얻었던 단 1명의 결신자 소년이 누가 됩니까?

바로 〈빌리그레함〉 목사님이 됩니다. 교회역사상 가장 많은 사람에게 복음을 전했던 위대한 전도자 바로 그분이 그 실패한 것 같은 집회에서 얻었던 한 명의 결신자였습니다.

자, 여기에서 제가 역사 이야기 잠시 하겠습니다. 저는 작은 교회를 섬기는 사역을 하면서 낙동강 주변의 작은 시골교회를 자주 찾아가 섬기는데 낙동강 주변에는 전적비(전쟁기념비)가 있습니다.

다부동전적기념관, 박진지구전적비, 마산지구승전비 이게 뭐냐면 6.25전쟁 때 우리가 낙동강을 지켜냈다는 표시입니다. 전쟁 역사학자들이 말합니다. 만약 우리가 낙동강을 지켜내지 못했다면 지금이 대한민국은 없을 것이다! 집에 수령님 사진 2개씩 걸고 우리는 간식으로 먹는 강냉이를 주식으로 먹으면서 교회가 어디 있겠습니까? 전포교회, 한국누가회 없습니다. 남편을 오빠라고 부르며 잡혀가고 유투브 보다가 처형당하는 것이지요.

그런데 그 낙동강을 지켜낼 때 우리 한국군만의 힘으로 지켜낸 것이 아닙니다. 서쪽 전선은 미군 2사단, 제1기보병사단, 24사단, 25사단이 지켜주었습니다. 한국전쟁이 일어났을 때 한국 정부는 미국이 한국전쟁에 즉각 참전할 것을 요청했습니다. 그런데 문제는 한국전쟁에 미국이 들어온다는 것은 무엇을 각오해야 하는 것입니까? 바로 미국 엄마의 아들들이 태평양을 건너 이름 모를 땅에 와서 피 흘리고 죽어야 한다는 것입니다. 미국이 한국전쟁이 참전하려면 누가 동의를 해주어야 합니까? 바로 미국사회 전체가 동의를 해주어야 합니다.

그런데 그 당시에 가장 미국에서 인기 있었던 것이 바로 라디오 방송이었습니다. 지금의 유투브 같은 것이지요. 그 라디오방송이 최고의 강사가 누구였습니까? 바로 빌리그레함 목사님이었습니다. (우와) 빌리그레함 목사님이 방송에 그렇게 말씀했다고 합니다.

여러분 한국에 전쟁이 일어났습니다. 한국에는 신실한 성도와 주님의 몸된 교회가 있습니다. 우리가 참전해서 그 나라를 지키고 보호해야 합니다. 미국 사회 전체를 추동해서 미군이 한국전에 참전하게 된 계기가 된 것이지요.

그런데 빌리그레함 목사님은 한국을 어떻게 알았을까요? 왜 그렇게 한국에 우호적이었습니까? 이것이 역사가운데 숨겨진 신의 한수였습니다.

바로 빌리그레함의 사모님, <루스그레함>의 부모님이 중국의료선교사이셨는데 딸 루스그레함을 평양외국인학교에서 공부시켜다고 합니다. 사모님은 평양에서 한국교회가 아름답게 성장하고 부흥한 것을 다 지켜보았습니다. 미국사회를 움직인 것은 빌리그레함 목사님이라면 그 목사님을 움직인 분은 바로 사모님이신 거지요!

보십시오! 목사님, 선교사님이 그렇게 애쓰고 섬기고 믿음으로 세웠던 그 한 영혼, 한 영혼이 한 나라의 운명을 바꾸는 위대한 일에 쓰임 받게 되더라. 한 명이 결코 한 명이 아닙니다. 밭의 상태에 관계없이 주님 의지하고 믿음으로 신실하게 뿌렸을 때 하나님의 때에 아름답고 풍성하게 열매 맺어 쓰임받더라. 우리는 결코 이 진리를 잊어서는 안 됩니다.

저는 농어촌 도시의 작은 교회를 섬기는 사역을 합니다. 코로나를 겪으면서 교회가 모두 감소했습니다. 감소한 크기는 다 다르지만 주는 것이 대세입니다. 그런데 우리 교회는 유지하고 있습니다. 정말 잘하고 있는 것이고 도리어 우리교회는 성장했습니다. 그건 기적이 아닙니까?

농어촌 교회가 겪는 공통적인 어려움 세 가지가 있습니다.
경제적으로 어렵고 성도가 지속적으로 감소하고 앞이 도무지 보이지 않는다는 것입니다. 제가 만나는 목사님, 사모님께 그러면 어떻게 하시겠습니까? 그 질문에 그렇게 대부분 대답을 하십니다. 여기가 소명의 자리인줄 알고 남은 성도 다 돌아가실 때까지 이 교회를 지키겠습니다.

경기도 이천에 가면 반지하에 위치한 한솔교회를 담임하시는 김민철 목사님이 계십니다. 10년 동안 목회하셨는데 성도는 가족뿐입니다. 그래서 다른 분이 그렇게 말했습니다. 목사님이 어디서 무엇을 하든 300만원 못 벌겠습니까? 성도도 없는데 왜 이 사역을 하십니까? 그 질문에 목사님이 대답하셨다. 목회는 직업이 아니고 소명이기 때문에 앞으로 우리 가족밖에 없어도 저는 이 길을 끝까지 갑니다. 목사님은 주변의 환경이나 밭의 상태를 절대 핑계 삼지 않으셨습니다.

사랑하는 성도 여러분!
교회가 안 되는 것 같습니까? 망하는 것 같습니까?

하나님이 붙들고 계십니다.
하나님이 자라게 하십니다.
하나님이 열매 맺게 하십니다.

교회가 자라고 성장하고 성숙하는 것은

우리의 일이기 이전에

하나님의 주권의 속한 일이고 하나님 나라의 비밀입니다.

삶으로~

말씀으로~

기도로~

헌신으로~

밭의 상태에 관계없이 열심히 뿌리시길 바랍니다.

그러면 반드시 하나님의 때에

30, 60, 100배로 반드시 결실하게 될 것입니다.

성도님들의 귀한 헌신 가운데

조국교회가 하나님 나라가 여전히 확장되어 가고 있음을

믿음으로 붙드는 우리 되기를 간절히 소원하고 축복합니다.

찬양곡 《주가 일하시네》

날이 저물어 갈 때 빈 들에서 걸을 때
그때가 하나님의 때
내 힘으로 안될 때 빈손으로 걸을 때
내가 고백해 여호와 이레

주가 일하시네 주가 일하시네
주께 아끼지 않는 자에게
주가 일하시네 주가 일하시네
신뢰하며 걷는 자에게

우리 모인 이곳에 주님 함께 계시네
누리네 아버지 은혜
적은 떡과 물고기 내 모든 걸 드릴 때
모두 고백해 여호와 이레

주가 일하시네 주가 일하시네
주께 아끼지 않는 자에게
주가 일하시네 주가 일하시네
신뢰하며 걷는 자에게

십자가, 하나님의 지혜와 능력과 사랑

박정엽 목사

사도행전 2장 36~42절

그런즉 이스라엘 온 집은 확실히 알지니 너희가 십자가에 못 박은 이 예수를 하나님이 주와 그리스도가 되게 하셨느니라 하니라 그들이 이 말을 듣고 마음에 찔려 베드로와 다른 사도들에게 물어 이르되 형제들아 우리가 어찌 할꼬 하거늘 베드로가 이르되 너희가 회개하여 각각 예수 그리스도의 이름으로 세례를 받고 죄 사함을 받으라 그리하면 성령의 선물을 받으리니 이 약속은 너희와 너희 자녀와 모든 먼 데 사람 곧 주 우리 하나님이 얼마든지 부르시는 자들에게 하신 것이라 하고 또 여러 말로 확증하며 권하여 이르되 너희가 이 패역한 세대에서 구원을 받으라 하니 그 말을 받은 사람들은 세례를 받으매 이 날에 신도의 수가 삼천이나 더하더라 그들이 사도의 가르침을 받아 서로 교제하고 떡을 떼며 오로지 기도하기를 힘쓰니라

고등학교 때 집안의 반대를 무릅쓰고 예수님을 믿고 일어난 변화가 있다면 찬양을 너무나 하고 싶었다는 것과 예수님에 대

해서 누군가에게라도 꼭 말하고 싶었다는 것이었습니다. 그런데 성경을 알아가면서 그것이 너무나 당연하다는 것을 알게 되었습니다. (예레미야 20장 9절) 내가 다시는 여호와를 선포하지 아니하며 그의 이름으로 말하지 아니하리라 하면 나의 마음이 불붙는 것 같아서 골수에 사무치니 답답하여 견딜 수 없나이다

사도행전 11장에 그리스도인이라는 단어가 처음 등장합니다. 스데반 집사님의 순교 이후 흩어진 사람들이 흩어진 곳에서, 도망을 가면서도 복음을 전합니다. 그리고 안디옥에서 비로소 그리스도인이라는 호칭을 듣게 됩니다.

지금으로 치면 예수쟁이이지요. 우리의 주인이 누구인가를 보여주는 조롱 섞인 호칭으로 들려지지만 우리의 정체성을 보여주는 명확하면서도 너무나 영예로운 호칭의 다름 아닙니다.

무엇이 우리를 하나님의 사람으로 세우는 것입니까?

(사도행전 3장 6절) 베드로가 이르되 은과 금은 내게 없거니와 내게 있는 이것을 네게 주노니 나사렛 예수 그리스도의 이름으로 일어나 걸으라 하고

(베드로전서 1장 18,19절) 너희가 알거니와 너희 조상이 물려 준 헛된 행실에서 대속함을 받은 것은 은이나 금 같이 없어질 것으로 된 것

이 아니요 오직 흠 없고 점 없는 어린 양 같은 그리스도의 보배로
운 피로 된 것이니라

그렇습니다. 은이나 금이 아닌 바로 예수 그리스도의 이름과
보혈입니다.

복음은 여러분을 더 잘나게, 더 성공하게, 더 멋있게 포장해주
는 것이라 생각하십니까? 아니요 결코 아닙니다. 도리어 세상에
대하여 철저하게 절망하게 하고 주님만을 온전히 소망하게 하
는 것, 그것이 복음의 본질이고 핵심입니다.

구원받은 그리스도인들이 모인 초대교회는 부흥하는 공동체
였고 서로 교제하고 섬기는 은혜와 사랑의 공동체였습니다.

신대원에서 공부할 때 〈교회성장학〉이라는 과목이 있습니
다. 어떻게 하면 교회를 성장시킬 것인가를 공부합니다.

사람들을 많이 모으기 위해서는 세상의 학문과 접목을 시도
해야 한다. 심리학으로 사람들을 위로하고 경영학으로 조직을
구성하고 마케팅으로 사람들의 관심에 맞추어야 한다고 합니
다. 요즈음은 교회 새가족을 〈VIP〉라고 부르기도 합니다. 그
런데 이 용어는 원래는 교회의 용어가 아니라 세상에서 고객을

높여 부르는 용도로 사용되었던 것이지요.

 그런데 세상의 학문과 방법이 아니라 사도행전이 말씀하는
 신자가 신자 되고 교회가 교회되어지는
 성숙한 신자됨과 성령 충만한 공동체의 근거와 토대가 무엇
입니까?

 베드로가 설교합니다.
 그 설교의 중심에 복음(GOOD NEWS), 곧 AD와 BC를 가르고 인
류의 역사 가운데 오신 예수 그리스도의 인격과 삶, 그것이 복
음이고 그 복음의 정수에 바로 십자가가 있습니다. 이 십자가를
토대와 근거로 신자는 죄사함과 구원, 약속의 자녀됨과 참된 부
흥을 누리게 되는 것입니다.

 한국사회가운데 조국교회가 왜 이렇게나 연약해져 있습니까?
 기독교에 대한 배타적환경 때문일까요? 아닙니다. 1세기 초
대교회 때는 더 험악했습니다. 순교를 각오했어야 했지요.

 문제는 내용입니다. 바로 복음이 없는 것입니다. 복음의 핵심
인 십자가를 설교하지 않습니다. 왜냐하면 그것은 성도의 마음

을 불편하게 하고 거치게 하는 것이라 생각합니다. 그리고 그 복음의 자리에 세상의 것들에게 자리를 내어줍니다. 성공과 안락을 전하고 나아가 인본주의적 세속 신학이 성경을 비평이라는 칼로 마음껏 재단하도록 내버려 두었습니다.

외국에서 신학박사 논문을 쓰던 목사님을 지도하던 신학교 교수님이 무신론자였다고 합니다. 한번은 교수님께 오병이어도 안 믿으시는데 십자가와 부활과 기적에 대해서 어떻게 학생들에게 지도하십니까? 그 때 교수님이 말씀하셨습니다. <역사적 사실>이 아니라 <의미>가 중요하다고~ 무슨 말입니까? 교회가 신학교가 스스로 무너져 내리고 있다는 가슴 아픈 증거이지요.

거듭난 그리스도인(신자)과 초대교회가 능력 있는 공동체로 세워지게 했던 베드로의 설교의 핵심에 대하여 36절은 두 가지를 말씀합니다.

1) 너희가 십자가에 예수를 못 박았다.
2) 하나님이 그 예수를 주와 그리스도가 되게 하셨다.

이 설교 앞에 청중들의 반응이 어떠합니까?

베드로의 설교 앞에 마음에 찔려 어찌할꼬(사도행전 2장 37절) 하며 청중들이 자기의 가슴을 치는 것이었습니다. 복음이 복음으로 진실 되게 증거될 때 반드시 두 가지 반응이 나타납니다.

한쪽에는 마음에 깊은 감동(쪼개짐)과 고뇌, 회개하고 돌이키는 역사와 또 다른 한쪽에는 스데반의 설교를 듣고 마음에 찔려 이를 갈며(행7:54) 강퍅한 심령으로 하나님을 반대하고 성도를 돌로 치며 핍박하는 자들이 일어나지요.

조나단 에드워드 목사님이 〈진노하시는 하나님의 손 안에 든 죄인〉이라는 제목의 설교원고를 촛불 아래에서 조용히 읽으며 전했습니다.

그때 그 말씀이 신자들의 영안을 열어 지옥을 보게 해주셨습니다. 그 집회에 참석한 신자들이 자기의 죄인 됨을 고백하며 마룻바닥에 뒹굴기 시작하며 눈물 콧물을 다 쏟아내며 설교를 멈추어주기를 괴로워하며 호소했습니다. 살아있는 하나님의 말씀의 복음이 우리의 영혼을 가르고 지나가며 증거될 때 역사가 일어는 것입니다.

평양장대현교회(금수산)에서 평양대부흥운동이 일어났을 때, 말씀이 증거되고 성령이 충만히 임재할 때, 그 자리에 모인 1500

명, 하디선교사, 목회자, 성도들이 자기들의 숨겨진 죄악을 낱
낱이 철저하게 고백하며 밤을 새워 통회 자복하는 역사가 일어
났습니다.

참된 복음의 말씀이 강력하게 증거될 때 아무 일도 없었더라
는 없습니다~! 예수를 누가 죽였습니까?
2000년 전 그들이 예수를 못 박아 실제로 죽인 것입니까?
우리는 전혀 무죄합니까?

성경의 일관된 선포는 나의 죄 때문에 죽으신 것입니다.
곧 내가 예수를 십자가에 못 박아 죽인 것입니다.

사형집행을 하는 나라들이 있습니다. 우리나라는 현재 시행
되지 않고 있습니다. 다른 나라를 보면 전기의자, 교수대를 작
동시키는 버튼을 교도관(간수)이 혼자 조작했습니다. 그런데 지
금은 버튼이 4개 정도이고 그것도 동시에 4명의 간수들이 누르
는데 그 버튼 중 하나만이 작동한다고 합니다.
왜 그렇게 합니까? 교도관으로서의 사형집행이 당연한 임무
이지만 자신이 한 사람을 죽였다는 것이 평생에 남는 커다란 충
격(트라우마)이 되기 때문에 누가했는지 전혀 모르게 하기 위해서

동시에 누르게 한다는 것이지요.

살아있는 생명의 말씀, 복음의 정수
그 앞에 우리의 심령이 찔리고 쪼개어지고 있습니까? 심령 깊은 곳에 내가 죽인 예수님 때문에 내면의 울림과 두려움과 떨림이 있습니까?

디모데전서 1장 15절은 말씀합니다.

"미쁘다 모든 사람이 받을 만한 이 말이여 그리스도 예수께서 죄인을 구원하시려고 세상에 임하셨다 하였도다 죄인 중에 내가 괴수니라"

베드로의 설교의 중심, 복음의 핵심
초대 교회 공동체의 심장
신자의 개개인의 영혼 전부를 흔들고 깨우는
십자가는 도대체 무엇입니까? 세 가지로 살펴보고자 합니다.

첫째, 십자가는 하나님의 지혜입니다.

(36절) 그런즉 이스라엘 온 집은 확실히 알지니 너희가 십자가

에 못 박은 이 예수를 하나님이 주와 그리스도가 되게 하셨느니라 하니라

교회의 십자가는 네온사인(빨간색, 흰색)으로 가장 높은 곳에 잘 보이게 합니다. 그런데 잊지 마십시오~! 십자가는 형틀로서 사형도구입니다.

판관포청천의 개작두, 중세의 단두대, 현대의 사형대와 같은 것입니다. BC 550년, 놋쇠소는 사람을 놋쇠 안에 넣어서 불에 구워서 죽이는 사형도구였습니다. 그 안에서 사람이 죽어가면서 비명을 지릅니다. 그런데 이것이 금관악기의 시초라고 보기도 합니다.

너무나 끔찍하고 잔인하게 보이는 사형형틀을 왜 교회의 상징으로 세우는 것입니까?

십자가의 시초는 로마에게 반란을 일으킨 이방노예와의 전쟁에서 승리한 로마가 로마로 가는 길목에 3,000개의 십자가 사형형틀을 설치하고 거기에 3,000명의 이방노예를 매달아 죽이면서 시작되었습니다.

누가 죽습니까? 반역자, 흉악범, 이방노예가 죽습니다. 절대

로마시민은 십자가에 달리지 않습니다.

십자가는 가장 고통스러운 죽음입니다.

기절하고 깨어나고 신음하고 또 기절해 목말라 서서히 죽음에 이릅니다. 십자가형의 죄수에게 최고의 선물은 빨리 다리를 부서 뜨려 질식사하게 해주는 것입니다.

십자가는 가장 수치스러운 죽음입니다.

우리가 보는 성화에는 예수님은 옷을 입고 있습니다. 하지만 실제는 완전히 발가벗겨져 매달리는 것입니다. 고통을 넘어서 인간성을 말살하면서 조롱하며 서서히 말려 죽이는 극한의 죽음입니다.

십자가는 최고의 저주이자 가장 재수 없는 것입니다.

그 당시 사람들은 십자가를 보면 바로 고개를 돌려 버립니다. 그런데 그 입에 담기조차 거북하고 금기시하는 단어, 그 십자가를 교회는 가장 높은 곳에 세우고 교회 심볼(상징)로 삼고 있으니 아이러니가 아닙니까?

병원모임에 가면 응급실에서 절대 말하면 안 되는 〈금기어〉

가 있습니다. 오늘 조용하네, 환자 없네 그러면 그때부터 우르르 환자들이 들어온답니다. (웃음)

로마병사들은 사형집행의 전문가들이었습니다.

확실히 죽이는 자들입니다. 기절한 척해서는 십자가를 결코 피할 수 없습니다. 십자가는 죽어야 내려 올 수 있는 곳이며 그 고통과 수치의 자리에서 예수님은 의연하게 죽으신 것입니다. 그래서 백부장의 고백이 어떠합니까?

(막15:39) 예수를 향하여 섰던 백부장이 그렇게 운명하심을 보고 가로되 이 사람은 진실로 하나님의 아들이었도다 하더라

예수님은 십자가에서 참으로 죽으신 것입니다.

예수님은 많은 형틀이 있는데 왜 나무 십자가에 죽으십니까?

(신명기 21장 23절) 나무에 달린 자는 하나님의 저주받은 자

(갈라디아서 3장 13절) 그리스도께서 우리를 위하여 저주를 받은바 되사 율법의 저주에서 우리를 속량하셨으니 기록된 바 나무에 달린 자마다 저주 아래에 있는 자라 하였음이라

우연입니까? 결코 아닙니다. 성경은 예수님의 죽으심을 정확하게 예언했고 죽음의 방법까지 그대로 성취된 것입니다. 하나

님의 말씀은 일점일획도 틀리지 않고 정확무오합니다. 수백, 수천 년을 넘어 역사가운데 그대로 성취되었습니다.

왜 창조주가 인간되셔서 가장 잔인한 흉악범과 죄수들이나 달리는 잔인하고 고통스러운 십자가에서 발가벗겨져 수치를 당하십니까?

나의 죄로 수치를 당하는 것 〈이중전가(二重轉嫁) Double Imputation〉, 나의 죄를 가져가시고 하나님의 의를 가져다주시기 위해서입니다. 그가 내대신 발가벗겨져 수치를 당하심으로 나를 그 수치와 모욕에서 건져내어 자유케 하시는 것입니다.

십자가는 원래는 나의 자리이며 내가 죽을 자리였습니다.

구약이 어떻게 죄를 전가하고 해결했습니까? 이스라엘과 사람들이 범한 모든 죄를 가지고 나오면 제사장이 그 죄를 양, 염소, 소에게 전가하여 번제, 속죄제, 속건제로 드려집니다. (레위기 16장 21,22절) 아론은 두 손으로 산염소의 머리에 안수하여 광야로 보냅니다. (이사야 53장 6,11절) 여호와께서 우리 무리의 죄악을 그에게 담당시키셨도다.

인류 모두의 죄악을 어린 양되신 예수님에게 몰아주신(전가) 것입니다.

6,25전쟁 때 실화입니다. 만삭이 된 한 어머니가 겨울 전쟁 통에 길을 가다가 다리 밑에서 아이를 출산합니다. 아무런 준비를 하지 못해서 자기 옷을 벗어서 아기를 감싸고 자다가 밤에 얼어 죽은 것입니다. 미군병사가 휘발유가 떨어져 다리에 차를 세웠는데 마침 울음소리가 들려 내려갔더니 어머니는 맨몸으로 아이를 옷으로 감은 채 얼어 죽어있는 것입니다. 아이를 살리라는 뜻으로 알고 양자로 삼아 미국에서 양육하고 성인이 되어 출생의 비밀을 알려 주자 어머님의 묘지를 찾아온 아들이 어머니의 무덤 앞에서 자기 옷을 벗어서 무덤 위를 덮으면서 울음을 터뜨리며 그렇게 고백했습니다. "어머니 얼마나 추우셨어요! 나를 살리기 위해 어머니는 그런 희생을 치르셨군요! 저는 어머니의 사랑을 생각하면서 벌거벗고 굶주린 사람들에게 사랑을 전하며 살겠어요! "

(시편 25편 3절) 주를 바라는 자는 수치를 당하지 아니하려니와

가장 미련하게 보이는 하나님의 아들이 십자가에 발가벗겨져 못 박히는 것 같지만 우리를 수치를 가려주시고 덮어주시는 가장 탁월한 하나님의 지혜가 십자가이심을 믿으시기 바랍니다.

둘째, 십자가는 하나님의 능력입니다.

(38절) 베드로가 이르되 너희가 회개하여 각각 예수 그리스도의 이름으로 세례를 받고 죄 사함을 받으라 그리하면 성령의 선물을 받으리니

제자들은 기대했습니다. 예수님의 능력과 힘으로, 그 분이 정치적 왕이 되시면 옆에서 다들 한 자리하는 것이었는데 갑자기 허무하게 십자가에 죽으시는 것입니다. 그들의 기대는 무참히 깨어지고 12제자와 따르던 무리들은 다 도망가 버립니다.

이 허무한 십자가에 도대체 어떤 능력이 있다는 말입니까? 본문은 죄용서, 죄사함! 이라고 분명하게 말씀합니다. 구약의 역사가운데 무수히 반복적인 제사를 드릴 수밖에 없는 이유는 바로 흠있는 제물, 흠있는 대제사장 때문입니다. 그래서 제사를 반복적으로 드림에도 불구하고 인생은 그 죄의 굴레에서 죄의 종으로 영원히 살아야 하는 숙명을 가졌습니다. 타락 이후 죄를 안 짓고는 도무지 살수 없는 인간의 존재와 한계이지요.

그런데 흠도 없고 점도 없는 완전한 제물 되신 예수님이 오셨

습니다.

(히브리서 9장 12절) 염소와 송아지의 피로 하지 아니하고 오직 자기의
피로 영원한 속죄를 이루사 단번에(한번으로) 성소에 들어가셨느니
라

흠없는 어린 양되신 예수님이 십자가에서 쏟으신 그 피, 십자
가 보혈의 능력으로 타락하고 부패한 모든 죄 된 심령을 정결케
하시는 것입니다. 십자가 제사로 하나님과 우리를 나누었던 근
본적인 죄의 문제를 해결하고 휘장을 열어 하나님과 화목케 하
신 것이지요.

35년 전 저희들이 예수 믿던 20대에는 〈산기도〉가 유행이었
습니다. 저희세대는 신앙생활을 좀 무식하게 했습니다.
기도원이 있는 산에 가서 나무 하나 잡고 나무가 뽑힐 때까지
방언받기, 또는 응답받기 위해서 그 딱딱한 바위에서 철야기도
를 하는 것이지요.

한번은 청년부가 산에 올라가서 기도하는데 그 자리 바로 옆
에 묘지(무덤)가 있는 것이지요. 그리고 찬양을 하는데 누가 선곡
을 했는지~ 원수를 다 이기고 무덤에서 살아나셨네♬ 으스스
하지 않습니다.

주의 보혈 능력 있도다 믿으오 ♬ 찬양하는데 예쁜 자매들이 후렴을 넣습니다. 피! 피! 피! 그리고 기도할 때 다 같이 주여 삼창을 하는데 주여! 주여! 주여!

그런데 경상도 사투리는 억새서 멀리서 들으면 '죽여' '죽여' '죽여' 늦은 밤 누가 지나가다 들으면 묘지인데 피 피 피! 죽여! 죽여! 죽여! 완전, 한 밤에 벌어지는 공포스릴러영화가 아닙니까? (웃음)

교회 다닐 때~ 처음에 적응이 안되었습니다. 도대체 예수의 피가 무엇이기에 그렇게 존귀히 여기고 날마다 찬양하는지요.

만약에 그런 피가 있다고 생각해보십시오~!

피에 능력이 있어 항암, 항균, 항바이러스, 항류마티스 능력이 있는데 그게 박정엽 목사의 피라면? 한 방울을 배양하면 100만 명을 치료하고 살릴 수 있다면? 제 몸의 피를 돈으로 환산하며 얼마나 되겠습니까? 천문학적 금액이겠지요. 빌게이츠, 만수르, 일론 머스크, 베르나르 아르노와 어깨를 나란히 하는 다국적 바이오기업의 회장, 거부가 되는 것 아니겠습니까? 꼭 기도 부탁드립니다~!(웃음)

그런데 예수님의 피는 탁월한 어떤 한 인간의 피가 아니지요, 비교조차가 안 되지요~ 피조물 전체와 우주를 다 가지고 와도 절대 교환할 수 없는~ 우리의 모든 죄를 깨끗하게 하고 맑히시는 흠도 없고 점도 없는 지존자, 창조주의 보배로운 능력의 피이지요~!

존 뉴턴이 기억력 상실증(치매)이 걸렸는데 그래도 그가 끝까지 잊어버리지 않았던 두 가지가 있습니다.

그가 큰 죄인인 것과 예수님은 십자가에서 나를 용서해주신 위대한 구주시라는 것~!

벤허영화를 아시지요?

무신론자 월리스가 성경을 보다가 회심하고 극본을 적었다고 합니다. 그 영화의 핵심은 마차경기가 아닙니다. 바로 십자가 보혈의 능력입니다. 십자가에 달리신 예수님에게서 흐르는 그 피가 비를 타고 흘러 흘러 그들, 문둥병 모녀를 지나갈 때~ 그들이 깨끗하게 고침 받는 장면이 나옵니다.

우리의 무너진 심령과 타락한 영혼, 연약한 육신가운데로 그 피(보혈)가 지나면 그로 인해 회복과 거룩함과 온전함과 강건함의 축복을 반드시 누리게 되는 것입니다.

왜요? 어린양의 피에 능력이 있기 때문입니다.

셋째, 십자가는 하나님의 사랑입니다.

(37절) 그들이 이 말을 듣고 마음에 찔려 베드로와 다른 사도들에게 물어 이르되 형제들아 우리가 어찌 할꼬 하거늘

십자가는 어떤 사랑입니까? 이해할 수 없는 사랑입니다.

창조주가 피조물을 사랑하는 것, 창조주가 피조물을 위해 죽어주시는 것입니다. 그런데 어떤 피조물을 위해서 죽으시는 것입니까?

로마서5장 8절은 말씀합니다.

우리가 아직 죄인되었을 때에 그리스도께서 우리를 위하여 죽으심으로 하나님께서 우리에게 대한 자기의 사랑을 확증하셨느니라

사랑할 이유가 하나도 없는 자를 위해 베풀어주시는 극진한

사랑, 허물과 죄로 죽은 범죄하고 타락한 나를 위하여 흠도 없고 점도 없는 순결한 하나님의 아들을 내어주고 있는 것입니다.

창세기 22장 8~13절 말씀을 살펴봅시다.
믿음의 조상(아버지) 아브라함이 아들 독자, 이삭을 바치는 사건이 등장합니다.

하나님이 왜? 100세에 얻은 아들을 바치라고 했을까요?
하나님이 질투가 나신건가요? 아브라함이 예전에는 나를 잘 섬기더니 아들 생기고 나서 나를 찬밥처럼 대하는구나? 그런 것일까요?
사라의 태가 닫히고 아브람도 노쇠했습니다. 몸의 기능이 죽은 가운데 하나님이 100세에 주신 기적과도 같은 생명입니다. 그리고 그냥 아들이 아니라 이스라엘의 민족의 앞날이 걸린~ 복의 통로 그 자체입니다!

그런데 하나님이 그 아들을 달라하는 것입니다. 왜요? 하나님은 인신제사를 원하시는 분이십니까? 결코 아니지요. 그 사건을 통하여 구속사의 그 원대한 계획과 메시지를 주고자 하심입니다. (창세기 22장 1절) 아브라함을 시험하여(God tested Abraham) 라고 분명히 말하고 있습니다.

그가 참으로 아들 이삭을 드리려고 할 때 믿음의 눈이 열려 하나를 보게 됩니다. 무엇입니까? 하나님 아버지께서 도저히 내어줄 수 없는 독자 예수를 십자가에 내어주시는 그 구속의 사건을 수천 년의 역사를 꿰뚫면서 보게 됩니다. 아들 이삭을 통해 아들 예수를 믿음으로 보는 것이지요!

아들을 주셔야 하는 하나님 아버지의 마음, 인간의 독자가 아닌 하나님 아버지의 독자! 독생자 예수님을 주시는 하나님 아버지의 마음을요~!

그 아들 예수님이 십자가를 앞에 놓고 어떻게 기도하십니까? 땀이 피가 되도록 고뇌하며 밤을 지새워 기도하십니다. 자신을 내어 주셔서라도 우리를 구속해 내시는 이해할 수 없는 하나님 아버지의 뜻을 예수님은 이삭처럼 온전히 순종하고 있는 것입니다.

만약에 하나님이 오늘 수련회 EBS에 참석한 300명을 구원을 해줄 테니 아들 박준서 줄 수 있겠니 물으신다면 저는 차마 못할 것 같습니다.

하나님, 저는 아들 하나 밖에 없잖아요? 아들 얼굴 부비는 재미로 사는데 그 아이 하나로 웃고 즐겁고 행복한데 제가 왜요? 그러려고 간사시킨 거죠? 저는 간사 사직서내고 누가회 떠날랍니다. 저는 그렇게 할 겁니다.

삼위일체는 참 어려운 단어입니다. 양태론, 일신론은 다 이단입니다. 삼위일체는 그 삼위가 온전히 하나를 이루신 것입니다. 그것은 깨뜨릴 수 없는 온전한 연합을 의미합니다. 그런데 그 단일성을 깨는 것 같은, 하나님이 예수님에게서 얼굴을 돌리는 사건이 <십자가>입니다.

왜입니까? 하나님을 배신, 배반, 대적하는 죄악된 인생을 위하여 하나님이 예수님을 십자가에 친히 내어 주고 있는 것입니다.

배신자, 베드로를 다시 찾아오신 부활의 예수님이 묻습니다.
네가 나를 사랑하느냐? 세 번이나 묻습니다. 무슨 말씀입니까?
너는 나를 배신했지만 나는 너를 사랑한다. 나는 너를 포기하지 않는다.

(로마서 5:6) 우리가 아직 연약할 때에 기약대로 그리스도께서 경건치 않은 자를 위하여 죽으셨도다

왜입니까? 자신을 위해서가 아닌 우리를 위해, 피조물을 위해 창조주 예수님을 내어주시는 것입니다. 그 십자가에 우리가 믿음으로만 이해하고 붙잡을 수 있는 하나님의 열심 그 고집 어린 사랑과 결단이 가득차 있습니다.

하나님의 사랑을 우리의 이성으로 이해할 수 있습니까?

그것은 신비입니다. 오로지 오직 믿음(Sola Fide)으로만 수납 가능합니다. 우리의 참된 회심, 거듭남, 구원은 어떻게 가능한 것입니까? 바로~ 조건 없는 하나님의 무한하신 사랑 앞에 서는 것!!

모태신앙이냐? 돈과 지위가 있냐? 수능점수 얼마냐? 묻는 것 아닙니다. 구원은 어떤 자격도 없는 우리를 향하여 베풀어주시는 하나님의 무조건적인 사랑(은혜)인 줄로 믿으시기 바랍니다.

세상은 조건입니다. <맞선회사 ○오> 아는 자매가 심심풀이로 했습니다. 남자는 180cm 아래인가 위인가? 연봉이 얼마인가? 정보를 넣고 여자는 키를 넣고 반드시 <몸무게>를 넣어야

한답니다. 소고기 살 때 저울에 고기 무게 다는 것은 이해가 되는데 왜 사람을? 세상에 조건이 아닌 것이 있습니까?

어떤 자리와 어떤 죄인이라도 주님 앞에 나와~
어찌할꼬 내가 주님을 죽였네 그 진실한 고백으로
십자가 앞에 자복하고 엎드리면 긍휼에 풍성한 하나님이
그 무조건적이고 지극한 사랑을 쏟으시고 베푸시는 것입니다.

십자가는 이 우주와 역사와 세상가운데
우리를 향한 하나님의 극진하신 사랑의 표현의 정점입니다.
그 십자가에서 우리를 향하신 하나님의 진심
하나님의 마음, 그 사랑을 느끼고 깨닫고 있습니까?

단원고 양승진 교사는 학생들에게 늘 듬직한 선생님이었습니다. 세월호 참사 당일에도 선체가 기울자 자신이 입고 있던 구명조끼를 제자에게 벗어주고 학생들이 있는 배 안으로 들어갔던 것으로 알려졌습니다.
참사 당일 양승진 선생님의 아내가 아침 남편으로부터 받은 "애들을 돌보느라 고생했다. 미안하다"는 문자 메시지가 마지막이었다고 양승진 선생님은 학생들을 끝까지 포기하지 않고 생명 다해 사랑한 것입니다.

2008년 중국에서 쓰촨성에서 대형지진이 발생했습니다.

수천, 수만이 죽고 많은 건물이 무너졌습니다.

무너진 건물에 갇힌 모녀를 구하기 위해 구조대가 도착했지만 이미 도착했을 때는 어머니의 시신이 싸늘하게 식어 있었습니다. 그런데 어머니의 품안에 아기가 기적적으로 살아 있었습니다. 어떻게 가능했습니까? 어머니가 건물잔해를 온몸으로 막아서 뼈를 부서뜨리면서 피가 범벅이 되면서도 아기를 지켜낸 것입니다. 그런데 아기담요에서 엄마의 핸드폰이 발견되고 그 안에 마지막으로 남긴 문자가 발견되었습니다.

> 너무나 사랑스러운 아가야.
> 만약 네가 살게 된다면
> 이것만은 꼭 기억해주길
> "엄마는 너를 사랑한단다."

십자가에서 살을 찢고 피를 흘려 한 방울도 남김없이 다 부어주시면서~ 우리를 살리며 하시는 말씀, 사랑한다고, 너를 사랑

한다고~

성경에 사랑이 〈824번〉 나옵니다.
그것은 우리를 향하신 하나님의 절절한 사랑고백이 아닐까
요?
내가 죽도록, 죽기까지 ○○○, 너를 사랑한단다 !

(요한복음 3장 16절) 하나님이 세상을 이처럼 사랑하사 독생자를 주셨
으니 이는 저를 믿는 자마다 멸망치 않고 영생을 얻게 하려 하심
이니라

(이사야 53장 5,6절) 그가 찔림은 우리의 허물 때문이요 그가 상함은
우리의 죄악 때문이라 그가 징계를 받음으로 우리는 평화를 누
리고 그가 채찍에 맞음으로 우리는 나음을 받았도다, 우리는 다
양 같아서 그릇 행하며 각기 제 길로 갔거늘 여호와께서는 우리
모두의 죄악을 그에게 담당시키셨도다.

하나님 지혜와 능력과 사랑의 극치, 절정,
지고지순의 그 십자가를
마주한 자들(CMFer)의 고백이 어떠해야 합니까?

어찌할꼬?

하나님, 죄인이 내가 어떻게 해야 합니까?

하나님의 지혜와 능력과 사랑인 십자가를 직면하고

믿음으로 참되게 반응하며

그 크신 은혜와 긍휼 앞에

진실한 회심으로

하나님과 평생을 동행하기로 결단하는

우리 지체들 되시기를 간절히 소원하고 축복합니다.

찬양곡 《 주의 손에 나의 손을 포개고 》

주 보혈 날 정결케 하고 주 보혈 날 자유케 하니

주 앞에 나 예배하는 이 시간 나의 모든 것을 주께 드리네

주의 손 날 위해 찢기셨고 주의 발 날 위해 박히셨으니

이제는 내가 사는 것이 아니요 오직 주를 위해 사는 것이라

주의 손에 나의 손을 포개고 또 주의 발에 나의 발을 포개고
나 주와 함께 죽고 또 주와 함께 살리라
영원토록 주 위해 살리라

주의 손에 나의 손을 포개고 또 주의 발에 나의 발을 포개고
나 주와 함께 죽고 또 주와 함께 살리라
영원토록 주 위해 살리라

주의 손 날 위해 찢기셨고 주의 발 날 위해 박히셨으니
이제는 내가 사는 것이 아니오 오직 주를 위해 사는 것이라

주의 손에 나의 손을 포개고 또 주의 발에 나의 발을 포개고
나 주와 함께 죽고 또 주와 함께 살리라
영원토록 주 위해 살리라

루저의 착각

박정엽 목사

사사기 7장 18~22절

나와 나를 따르는 자가 다 나팔을 불거든 너희도 모든 진영 주위에서 나팔을 불며 이르기를 여호와를 위하라, 기드온을 위하라 하라 하니라 기드온과 그와 함께 한 백 명이 이경 초에 진영 근처에 이른즉 바로 파수꾼들을 교대한 때라 그들이 나팔을 불며 손에 가졌던 항아리를 부수니라 세 대가 나팔을 불며 항아리를 부수고 왼손에 횃불을 들고 오른손에 나팔을 들어 불며 외쳐 이르되 여호와와 기드온의 칼이다 하고 각기 제자리에 서서 그 진영을 에워싸매 그 온 진영의 군사들이 뛰고 부르짖으며 도망하였는데 삼백 명이 나팔을 불 때에 여호와께서 그 온 진영에서 친구끼리 칼로 치게 하시므로 적군이 도망하여 스레라의 벧싯다에 이르고 또 답밧에 가까운 아벨므홀라의 경계에 이르렀으며 바야흐로 전쟁의 시대입니다.

러시아 우크라이나 전쟁이 언제 끝날지 모릅니다. 이스라엘
과 팔레스타인 전쟁은 자칫하면 중동전으로 확전될 수 있습니
다. 아프리카는 늘 10개 나라가 내전과 쿠데타에 시달립니다.
앞으로 전쟁이 일어난다면 어디라고 생각하십니까? 바로 중
국과 대만 전쟁입니다. 그런데 이 전쟁은 미국이 자동 참전하
게 되어 있습니다. 그래서 중국이 이 전쟁을 일으킬 때는 북한
을 통하여 한국에 국지전을 발발하도록 해서 한국과 주한 미군
을 묶어놓고 대만을 쳐들어 갈 것이라고 전쟁학자들이 예상하
고 있습니다. 전쟁은 더 이상 남의 나라의 이야기가 아닙니다.

한국도 70여 년 전에 6.25라는 참혹한 전쟁을 경험했습니다.
이 전쟁에서 승리할 수 있었던 드러난 이유 중의 하나가 미국과
유엔군의 참전인데 숨어 있는 이유가 하나 있습니다. 바로 해방
전후에 남쪽의 토지개혁입니다. 정부가 지주에게서 땅을 사서
소작농에 다 나누어 준 것이지요. 진정한 자본주의의 시작이고
개인들이 자기 이름으로 된 땅을 소유하게 된 것이지요 그래서
낙동강까지 밀렸지만 싸워서 올라가야 하는 이유가 무엇입니
까? 서울, 대전, 강원도에 자기 땅을 찾아야 하기 때문에 열심히

싸워서 그 결과로 전쟁에서 이겼다고 보는 것입니다.

성경은 어떻게 보면 무수한 전쟁의 이야기로 가득차 있습니다.

사사기에도 많은 전쟁이 벌어지는데 사사기에서 가장 기막힌 승리는 무엇일까요? 아마 여자 사사 드보라의 승리가 아닐까요? 철병거 900대를 가진 가나안 야빈의 군대를 무기의 열세에도 불구하고 완벽하게 이겼기 때문입니다.

그렇다면 사사기에서 가장 극적인 승리는 무엇일까요?

오늘 본문이 기드온을 다루고 있으니 눈치가 있으면 기드온이라고 답하시겠죠?(웃음)

기드온 스토리는 사사기에서 가장 많은 내용을 차지하고 있고 또 사사기에서 가장 중간에 위치한 핵심적인 사건입니다. 구조적으로 아주 중요하다는 이야기입니다. 더 놀라운 것은 가장 양이 많고 핵심적인 사건을 박목사가 30여분 만에 설교한다는 것이 아닐까요?(웃음)

사사 기드온은 13만 5천명의 대부대를 상대로 대승리를 거둡니다.

오늘 본문의 첫 번째 핵심, 이스라엘이 전쟁에서 승리하는 근본적인 이유가 무엇입니까?

인간에게 있지 않고 하나님께 있다. 이것이 사사기의 핵심이 자 결론입니다. 이것을 깨닫지 못했다면 당신은 사사기를 헛 읽 은 것이죠! 그러므로 사사기는 도전합니다. 절대 교만하지 말 라! 겸손하라! 그 어떤 연약한 인생이라도 하나님의 능하신 손 아래 붙들리면 하나님이 우리를 들어서 싸우시고 큰 승리를 주 신다 말씀하십니다.

인생이 무엇입니까?
사사 삼갈은 소모는 막대기로 몇 명을 해치웁니까? 600명입 니다.
삼손은 나귀 턱뼈로 천명을 이깁니다.
이사야 42:3)는 그렇게 말씀합니다.
상한 갈대를 꺾지 아니하며

인생이 무엇입니까? 위대한 무엇인 것 같아도
소모는 막대기이고 나귀 턱뼈이고
꺾어진 지푸라기 같은 것에 불과하다 말씀합니다.

그러나 중요한 것은 풀 껍데기 같은 지푸라기이지만
그 지푸라기가 하나님의 손안에 있다는 것입니다.

EBS 명의에 나오는 명의들의 수술을 보신 적이 있습니까??
왜 탁월한 수술이 됩니까? 메스가 잘나서? 수술기구가 잘나서
그런 것이 아니라 바로 그 메스와 수술도구를 잡고 있는 의사의
손이 탁월하기 때문입니다.

기드온의 승리는 소수가 다수를 상대하여 승리하는 싸움입니
다.

300명을 데리고 13만 5천명을 상대하니 400:1의 비율이 나옵
니다. 한 명이 400명을 상대한다는 이야기입니다. 우리 형제들
이 자매와 데이트하다가 어두운 골목을 지나다가 5명 정도의 깡
패가 나타나면 형제가 내가 해치울 수 있다고 객기를 부리면 절
대 안 됩니다. 영화에서나 그것은 가능한 것이고 성인 1명이 2
명도 상대하기 버겁습니다. 그 때는 빨리 도망가거나 112에 전
화를 해야 합니다. 그러니 1명이 400명을 상대한다는 것이 상식
적으로 말이 안 되는 것입니다.

이와 비슷한 경우가 창세기에 있습니다.

아브라함의 조카 롯이 포로로 붙잡혔을 때 아브라함이 집에서 길리고 훈련한 318명을 데리고 4개 군대 연합군을 쳐들어가 격파하고 롯을 구출해냅니다.

318명으로 4개 군대 연합군을 상대했으니 여기도 엄청난 비율이 나옵니다. 그런데 아브라함이 집에서 데리고 있었던 사람들은 정규군이 아닙니다. 일종의 비정규군 방위이죠~ 저희들 세대(응답하라.1988)에서는 방위 중에 6방위라고 있습니다. 6개월 도시락 싸가지고 출퇴근하면서 동사무소 근무하면서 군역을 필하는 것인데 행정부소속이라 훈련이라고 할 만한 것이 없습니다. 그래도 전쟁이 터지면 방위들이 해야 할 일이 두 가지 있습니다.

하나는 도시락을 들고 높은 산위에 올라가서 흔드는 겁니다. 왜? 전파방해!(웃음) 그리고 어떻게든 적에게 포로로 잡혀야 한다. 왜? 적의 식량을 축내기 위해서(웃음) 진짜는 아니고 약간 방위를 가볍게 여기는 우스갯소리입니다. 오늘은 방위 다녀오셨던 분들이 희생하는 날입니다 죄송합니다. (웃음)

아브라함이 그런 318명의 방위들을 데리고 4개 군대 연합군

특수부대 정규군 예를 들면 SAS, 레인저, 네이비씰, 그린베레, 델타포스, UDT, 707특공대, HID를 상대했다는 이야기입니다.

그 말도 안 되는 승리를 거두고 아브라함이 살렘 왕 멜기세덱에게 십일조를 합니다. 성경의 첫 십일조입니다. 많은 목사님들이 말씀하시는 십일조하면 복받는다의 그런 의미가 아닙니다. 아브라함이 십일조를 하는 근본적인 이유는 이 말도 안 되는 승리가 제가 잘 한 것이 아니라 하나님이 전적으로 이루신 승리입니다. 그것을 100% 인정합니다. 그 의미를 가지고 십일조를 드리는 것입니다.

세상 전쟁에서 승리하기 위한 조건에 중요한 두 가지가 있습니다.

바로 사람과 무기입니다.

사람은 또 두 가지로 나누어지는데 장군과 병사입니다.
어떤 장군이 우리 군대의 지도자가 되었으면 좋겠습니까?
맥아더 장군이 아닐까요? 1/5000 확률을 뚫고 인천상륙작전을 성공시키죠. 이순신 장군이 아닐까요? 45전 45완승, 왜군을 박살내는 불세출의 영웅입니다.

　게다가 병사는 근육 빵빵한 람보 같으면 좋겠죠? 우리 형제들이 다 웃통 벗으면 근육이 장난이 아닙니다. 자매님들 믿으시기 바랍니다. (웃음)

　무기는 어떻습니까? 4세대, 5세대 탱크, 전투기, 미사일, 핵항공모함도 있으면 좋겠고 레이더에 안 잡히는 스텔스 전투기도 있으면 더 할 나위가 없겠죠?

　자, 그러면 살펴봅시다.

　장군 기드온을 주께서 어떻게 부르십니까? 큰 용사여! 라고 부르십니다. 그러나 그 때 기드온이 무엇을 하고 있었습니까? 숨어서 포도주 틀에서 타작을 하고 있습니다. 왜요? 식민지배하에서 양식을 뺏길 수 있으니 비겁하게 절대 빼앗기지 않으려고 그렇게 하고 있는 것이죠!

　큰 용사가 맞습니까? 겁쟁이지요!

　사사기를 묵상하면 할수록 사사기가 말하는 기드온은

　소심하고 둔감하고 하나님에 대한 원망 가득한 언제나 남탓하는 외톨이였습니다. 김지찬 교수님은 그를 "결정장애증후군"

을 가진 사람이라고 까지 말합니다. 한 마디로 갑갑한 강박증의
사람이었습니다.

빅뱅의 루저라는 노래가 있습니다. 찬송가 밖에 모른다. 진정
한 성도로 임명합니다. 가사가 그렇습니다.

"LOSER 외톨이 센 척하는 겁쟁이 못된 양아치
거울 속에 넌 JUST A LOSER
외톨이 상처뿐인 머저리 더러운 쓰레기"

사사기의 사사들. 기드온을 비롯하여! 정확히 묘사하고 있습
니다. 기드온은 외톨이이고 겁쟁이입니다. 불량배하고 돌아다
니는 입다는 정말 양아치죠! 빅뱅이 정말 사사기를 읽고 묵
상해서 노래를 만들었나요?
이런 루저를, 실패자를 큰용사로 불러주신다. 이것이 은혜가
아닐까요?

큰 용사로 기드온을 부르심에도 불구하고 끝까지 버티는
불이 임하는 제사 시험을 보고도
양털시험을 두 번이나 하고도 그래도 안 되니

기드온을 데리고 그 진영의 병사들의 꿈까지 확인시키시는 하나님! 기드온은 정말 의심병의 끝판왕이라고 볼 수 있습니다.

본문은 이 전쟁의 승리의 이유가 장군에게 이유가 있다? 없다~!

병사를 봅시다.

처음에 3만 2천명이 모였습니다. 두려운 사람 돌아가라고 하자 2만 2천명이 돌아가고 그래도 용기 있는 만 명이 남았습니다. 그런데 아마 사람이 워낙 많아서 친구 따라 간 사람도 있을 것이고 제대로 못 들어서 간 사람도 있을 것이고요.

어찌되었던 만 명이 남았고

거기에서 다시 "물 마시는 자세"를 기준으로 300명을 추립니다. 처음에서 얼마가 남은 것이죠? 1%가 남은 것입니다. 1% 무엇이 생각나십니까? 대한민국의 1% 선택받은 여러분입니다.

주일학교 다닐 때 전도사님께 익힌 들었던 설교에서 늘 하시던 말씀은 남은 자 300용사는 무릎 끓고 한손에 칼들고 사주경계하면서 물을 떠먹는 용의주도한 사람들을 주께서 선택하셨다

~ 많이 들으셨죠? 근데 성경에는 그런 이야기가 없습니다. 약간은 과도한 상상력의 산물이죠.

강해설교로 탁월한 ○○목사님이 그렇게 설교하시더군요. 300명이 정말 용사이고 탁월한 자이고 이들이 부흥의 씨앗이다. 300명 우리교회 집사님 헌신하시면 우리교회가 3만 명의 부흥을 이룰 줄 믿습니다.

본문은 그들을 용사라고 부르지 않습니다. 기드온은 용사라고 부르시지만요~ 정말 소수정예이고 람보 300명 같은 군인입니까?

그 때부터 본문을 여러 가지 방법으로 곱씹고 연구하고 살펴보았습니다. 본문(원문)을 아무리 보아도 명확하지 않습니다. 둘의 구분의 기준과 남은 자와 보낸 자의 차이가 불분명했습니다.

본문은 개처럼 핥은 사람을 세웁니다. 그 부류는 무릎 안 끓었다(?)는 것이죠. 그렇다면 무릎을 안 끓고 입으로 개처럼 입으로 물을 먹으려면 어떤 자세를 취해야 합니까? 엎어져야 가능하지 않나요?

어떻게 보면 물에 상반신이 들어가야 하지 않나요?

도리어 물에 젖으면 전투력 상실되는 것이 아닙니까?

그렇다면 무릎을 꿇은 사람이 더 지혜로운 자가 아닙니까?

그때부터 이 설교가 시간이 많이 들어갔습니다.

이래저래 뛰어다니면 2주 정도의 시간이 들어갔습니다. 그런 면에서 이번 설교는 가성비가 안 좋습니다. 2주 준비하고 30분 안에 설교를 정리합니다.

국회전자도서관에 들어가서 사사기 논문 PDF 자료를 다 뒤졌습니다. 제가 아는 손정원 목사님, 특수주석 수천권 가운데 사사기를 자료를 모두 살펴보고 김호관 구약학 박사님에게 자문을 구해서 연구한 결과는 이렇습니다.

주석적으로 명확하지 않았고 한 쪽을 일방적으로 손 들어주지 않았습니다. 300명으로 끊고 줄이신 것은 섭리였습니다.

만 명에서 300명 뽑을 때의 기준은 지금으로 치면 ○X게임이다. 점심메뉴로 하나 골라라? 김치찌개입니까? 된장찌개입니까? 짬뽕 드실래요? 짜장 먹을래요? 후라이드시킬까요? 양념시킬까요? 이것은 취향의 문제이지 옳고 그름의 문제가 아닙니다. 더 낫고 못하고의 개념이 아닙니다.

본문이 말씀하시는 하나님의 목적은 "소수정예"를 만드는 것이 아니고 그냥 〈소수〉로 줄이는 것이다~!

성경해석이 애매할 때는 성경으로 돌아가면 됩니다.
본문 안에서 분명히 말씀합니다. 다 같이 읽으십니다.

(사사기 7장 2절) 여호와께서 기드온에게 이르시되 너를 따르는 백성이 너무 많은즉 내가 그들의 손에 미디안 사람을 넘겨주지 아니하리니 이는 이스라엘이 나를 거슬러 스스로 자랑하기를 내 손이 나를 구원하였다 할까 함이니라

인간적으로 내 힘으로 했다고 자랑할 이유를 내가 모두 제거하겠다. 그래서 300명으로 줄이시는 것이죠! 300명이 부흥의 씨앗이다? 오늘 목적은 줄이는 것이 목적입니다. 인원이 늘어난다는 목적으로 설교하는 것 본문의 의도와 배치되는 것이지요.

무기를 살펴봅시다.

6.25전쟁 때 탱크 하나, 전투기 하나 없는 나라가 이제는 전세계에 명품 무기를 자체 생산해서 수출합니다. 핵을 빼고 전세

계군사력 순위 5위, 무기수출로 10위권에 들어갔습니다. K2흑 표전차, K9자주포, 천무, 각종 미사일(천궁 해궁 비궁), 잠수함, 구축 함, FA50전투기, 포탄과 탄약도 얼마나 잘 만드는지요. 차세대 전투기 KF21과 전투기 엔진도 개발 중입니다. 전쟁에서 어떤 무기를 가지고 있느냐가 결정적으로 승패를 좌우합니다.

그런데 기드온과 300명이 쓰는 무기가 참 희한합니다.

항아리? 항아리김치 담구나?(웃음)
횃불? 모깃불입니까? 바비큐에 유용합니다. (웃음)
나팔? 음악회 합니까? 캠프 하러 가나요? 수련회 하러 가나 요?

여리고성이 무너진 것을 잘 압니다. 그 큰 성을 무너뜨리는 데 일곱 바퀴 돌고 기도하고 소리 지르는데 무너집니다. 어떤 목사 님 설교하시길 음파가 진동을 일으켜서 그렇게 무너졌다. 전차 두 대가 양쪽으로 다니는 그 두터운 성이 소리로 무너졌다? 이 런 설교가 합리주의 설교, 인간에게서 자꾸 이유를 찾는 것이지 요! 이유는 하나님이시고 하나님이 무너뜨려 주신 것이죠! 상식 을 깬 하나님의 개입하심으로 인한 기적이지요.

오늘 본문은 이 기막힌 승리를 거두는 이유가 어디에 있다고
말합니까?

말도 안 되는 겁쟁이 장군과

그냥 소수(어중이떠중이) 300명,

무기라고 할 수 없는 것들을 가지고

하나님이 일으키신 자중지란으로

완벽한 승리! 13만 5천명을 대파했다는 것입니다.

(22절) 그 온 진영에서 친구끼리 칼로 치게 하시므로

이러므로 칼도 별로 필요가 없습니다. 나머지 잔당을 정리할
때 빼고는요.

오늘 설교의 2번째 핵심입니다.

따라합시다. 겸손을 가장한 교만이 가장 위험합니다.

기드온의 전쟁과 후반전을 꼼꼼히 살피면

놓치지 말아야 할 중요한 도전이 있습니다.

기드온은 전쟁을 시작할 때 그렇게 외치라고 합니다.

여호와를 위하여 기드온을 위하여? 또 그렇게 시키죠! 여호와

와 기드온의 칼이여? 왜 사족을 첨가하는 것일까요?

백성들이 머리가 비상합니다.

300명으로 13만 5천명을 아작 내는 것을 보니 만 명 데리고 가면 고대근동을 박살낼 수 있겠다. 그래서 그렇게 요구하죠! 기드온~ 우리의 왕이 되어 주소서. 그 찬사와 핥아주는 것과 존경어린 눈빛가운데 기드온이 무엇이라고 말합니까?

(사사기8장23절) 내가 너희를 다스리지 아니하겠고 나의 아들도 너희를 다스리지 아니할 것이요 여호와께서 너희를 다스리시리라 하니라

23절의 요약입니다.
하나님이 왕이시다. 이것이 사사기의 전체 주제입니다.
자기의 소견에 옳은 대로 행하면 망한다.
왕이신 하나님의 소견대로 행하라!

이렇게 멋있을 때 끝내야 하는데 박수칠 때 떠나야 하는데~ 그러면서 무엇이라고 합니까? 금을 달라? 그것을 모아서 에봇을 만들어 음란하게 섬깁니다. 아내를 많이 두고 자식을 70명이나 놓습니다.

여러분 요즘 저출산이니 너무 잘하는 것이다 생각합니까? 하나님이 싫어하시는 것이 아내와 첩을 많이 두는 것입니다. 솔로몬이 그렇게 하다가 망하는 인생이 되었지요! 기드온은 아내도 모자라서 첩을 두고 첩이 아들을 놓는데 이름을 어떻게 짓습니까?

아들의 이름을 아비멜렉이라고 짓습니다. 그 뜻은 "내 아버지가 왕이시다." 또 사족을 답니다.

그렇다면 도대체 누가 왕입니까? 하나님이십니까? 기드온입니까?

그런 면에서 기드온은 정말 이율배반이고 뒷끝작렬의 사람입니다.

어느 순간 겁쟁이에서 욕심쟁이로 변질되었고

겸손한 척하지만 뒤에서는 교만이 자리 잡고 있는 것이죠!

이것이 우리가 인정하고 싶지 않은 한쪽의 모습이 아닌가?

면허받아서 의료인이 되고 지위가 올라갈수록

이상하게 학교 때는 안 그랬는데 갈수록 뻣뻣해지는, 간혹 있습니다. 세상 모두가 평생에 여러분을 선생님, 선생님(교수님, 과장님, 원장님)하며 대우하고 대접 할 때, 그렁그렁한 젖은 눈빛으로 쳐

다볼 때~

그때가 정말, 조심할 때입니다.

그래서 때로는 간사가 필요하죠! 어느 순간에 갑자기 나타나서 많이 컸네~

우리 간사님 중에 이름은 밝힐 수는 없고 임○○ 목사님이라고 병원복도에서 과장님, 교수님 안 부르고 야~ ○○○하며 큰소리로 이름 부르시는 분이 계시다고 차마 말할 수는 없지만 (웃음) 그래서 간사가 선물이죠!

그런데 저는 절대 그러지 않습니다. 졸업하자 바로 선생님(교수님, 원장님, 과장님)이라 불러드립니다.

사사기의 결론입니다. 하나님이 기드온을 사용하신 것입니다.

하나님이 50%, 기드온 50% 그래서 100% 입니까? 아멘?

절대 아닙니다. 하나님 100% 하셨죠!

하나님은 무한하시고 영존하시고 전능하십니다.

우리의 능력이 아무리 탁월해도, 하나님과 비교하면

0. 00000000000000000000000000000000000001% 도 될까요?

우리는 말라비틀어진 땔감용 막대기, 지푸라기입니다.

(이사야 2:22) 너희는 인생을 의지하지 말라 그의 호흡은 코에 있나니 수에 칠 가치가 어디 있느뇨?(수에 셈할 가치가 어디에 있느냐?)

자신의 능력에서 승리의 어떤 이유를 찾으려고 하면 착각입니다.

대부분의 사사들이 다시 실패자로 마치는 이유가 거기에 있습니다. 하나님의 은혜로 시작해서 사사의 교만과 착각으로 마치는 것이죠! 우리에게 어떠한 이유도 없다! 평생 잊지 마십시오!

예비의료인(의치한간)이 된 것 의료인(누가)으로 평생 살아가는 것 하나님의 크신 은혜가 아닙니까?

그런 지체들 많습니다. 간사님 제가 수능시험 때 겐또 쳐서, 대학원 시험 칠 때 시간이 없어서 10문제 한줄 죽 그었는데, 국시 치는데 한 숨만 나왔는데 의대(의치한간) 들어오고 전문대학원 들어오고 국시 합격하고 면허 받았어요! 겐또가 기적인 된다 그

것을 말하는 것이 아닙니다.

"하나님이 하시면 하는 것이죠!"

하나님의 수는 다양합니다. 하나님은 안 되는 것도 되게 하십니다.
여러분을 의료사회 넣기 위해 제도도 바꾸시고 상황도 바꾸고 찍어도 되게 하시고 그래서 여기에 여러분이 있습니다.

저는 부산의 전포동에서 사역합니다. 참 가슴 아픈 이야기 하나 하지요~
우리 동네에서는 비일 비재한 일입니다.
제가 아는 청년 중에 아버님이 두 눈이 안보이시는데 그 조금 남은 한 쪽 눈, 희미한 시력가지고 더듬으시면서 폐지주어 일하시고 어머니는 오래전부터 치매이신데 치료도 제대로 못 받고 집은 당장이라도 무너질 것 같은 판잣집에 삽니다. 어릴 때부터 그런 부모님과 형편 때문에 늘 놀림의 대상이 되었습니다. 자기의 잘못이 아니지요.

여러분이 그런 곳에 그런 가정에 태어났다면 지금 여기에 있

을 수 있겠습니까? 정말 힘들 것입니다. 개천에서 용 안나는 세상이죠~

하나님의 놀라운 은혜가 이미 있어서 좋은 가정주시고 남들이 없는 암기력, 이해력, 끈기 주시고 건강주시고 믿음주시고 그 모든 것이 합력하여 작용해서 여기에 있다는 것, 평생 잊지 마십시오! 여러분은 이미 다른 시작을 하나님께 받은 사람입니다. 그것을 책임으로 알고 사명으로 살아서 되돌려 드려야 합니다.

사사기를 묵상하면서 가장 실수가 없는 사사가 누구일까?
아마 사사 드보라 아닐까요? 왜요?

드보라가 전쟁에 이기고 자뻑해서~ 남편을 많이 두고 정부를 두고 자식 많이 놓고 그런 실수가 없습니다. 왜요? 드보라는 알았죠!
남자들이 넘쳐나는데 고대근동에서 여자는 사람의 수에도 치지 않는데, 제 이야기가 아니고 고대근동의 이야기입니다. 전혀 쓰임 받을 수 없는 자신을 쓰셔서 이 놀라운 승리를 행하시는 하나님의 능하신 손을 늘 인정했기 때문에, 인정 안할 수 없었기에~ 자기의 시작이 어디인지를 너무나 잘 알았기에, 평생에 잊지 않고 마음에 새기고 새겼기 때문이 아닐까요??

그래서 하나님 편에서는 흠이 있는 자가 더 안전합니다.

(고린도전서 1:28) 하나님께서 세상의 천한 것들과 멸시 받는 것들과 없는 것들을 택하사

이런 자들을 쓰면 자기에게 이유가 없다는 것을 알 가능성이 많지요. 하지만 그러함에도 불구하고 실수하는 것이 인생입니다.

기드온이 이 전쟁에서 극적인 승리를 거두는 이유가 어디에 있습니까?

루저같은 장군이 이상한 오합지졸들을 모아서 장난감 같은 것 들고 별로 싸우는 것 같지도 않은데 그렇게 이겨버리는 희한한 전쟁?

우리는 보태고 싶고
우리가 이유가 되고 싶고

거들기라도 하고 싶고 싶은데

항상 공동체에서 사고치는 자들은 어떤 인생들입니까?

명문과 열심히 있는 인간들입니다. 그들은 누구도 절대 못 건드립니다. 그러면서 스스로 함정에 빠져 교만에 걸려 넘어지는 것이죠!

주님은 말씀하십니다. 설치지 말라!

가만히 있으라! 근데 너무 가만히 있는 지체들도 좀 있어서(웃음) 아무튼 가만히 있는 것! 이것이 더 힘들다!

큰 전쟁 앞에서 두려워 말고 쫄지 말고

전쟁에 능하신 만왕의 왕이신 하나님을 인정하면

하나님이 왕이 되셔서 하나님이 친히 싸우신다.

그러므로 신앙생활가운데 가장 큰 일이 무엇입니까?

겸손히 하나님을 인정하는 것임을 믿으시기 바랍니다.

인생의 그 어떤 승리의 이유도

유한하고 마른 지푸라기 같은 루저인 우리에게 없고

능하신 만군의 주께 있다고 고백하는 우리 되었으면 합니다.

찬양곡《보라 너희는 두려워 말고》

보라 너희는 두려워 말고
보라 너희를 인도한 나를

보라 너희는 지치지 말고
보라 너희를 구원한 나를

너희를 치던 적은
어디 있느냐

너희를 억누르던 원수는
어디있느냐

보라 하나님 구원을
보라 하나님 능력을

너희를 위해서 싸우시는
주의 손을 보라

보라 하나님 구원을
보라 하나님 능력을

너희를 위해서 싸우시는
주의 손을 보라

실수하지 않으시는 하나님

박정엽 목사

창세기 31장 38~42절

내가 이 이십 년을 외삼촌과 함께 하였거니와 외삼촌의 암양들이나 암염소들이 낙태하지 아니하였고 또 외삼촌의 양 떼의 숫양을 내가 먹지 아니하였으며 물려 찢긴 것은 내가 외삼촌에게로 가져가지 아니하고 낮에 도둑을 맞았든지 밤에 도둑을 맞았든지 외삼촌이 그것을 내 손에서 찾았으므로 내가 스스로 그것을 보충하였으며

내가 이와 같이 낮에는 더위와 밤에는 추위를 무릅쓰고 눈 붙일 겨를도 없이 지냈나이다

내가 외삼촌의 집에 있는 이 이십 년 동안 외삼촌의 두 딸을 위하여 십사 년, 외삼촌의 양 떼를 위하여 육 년을 외삼촌에게 봉사하였거니와 외삼촌께서 내 품삯을 열 번이나 바꾸셨으며

우리 아버지의 하나님, 아브라함의 하나님 곧 이삭이 경외하는 이가 나와 함께 계시지 아니하셨더라면 외삼촌께서 이제 나를 빈손으로 돌려보내셨으리이다 마는 하나님이 내 고난과 내 손의 수고를 보시고 어제 밤에 외삼촌을 책망하셨나이다

의료사회 중심에서 수고하시는 우리 주니어누가, CMFer지체들을 주님의 이름으로 축복합니다.

한국에서 일하시는 외국인 노동자들이 계십니다, 지금은 처우가 많이 개선되었는데 벌써 오래전 이야기입니다. 공장에서 일하는 외국인 노동자가 1년 동안 임금을 체불 당했습니다. 도저히 참을 수 없어서 사장님에게 밀린 임금을 달라고 하자 사장님은 외국인 노동자가 불법체류자임을 신고하겠다고 도리어 협박하고 수백만 원의 돈을 뜯어냈다고 합니다.

북한 동포들이 북한을 탈출해서 한국으로 많이 들어옵니다. 그런데 그 때 정부에서 정착금을 주는데 그 돈을 누구에게 가장 많이 사기를 당합니까? 대부분 같은 한민족 동포에게 당합니다.

성경은 그것을 능가하는 하나의 사건을 소개합니다.
다른 민족도 아닌, 같은 민족도 아닌 바로 삼촌, 친척 라반에게 갑-을의 관계에서 착취당하는 야곱을 소개하고 있습니다. 야곱은 열약한 노동환경에서 얼마나 덥고 힘들었을까요? 품삯을 열 번이나 변경, 체불당합니다. 손해난 것을 도리어 야곱이 보상합니다. 상식이 전혀 통하지 않습니다.

본문은 외국인 노동자에게 잘하자? 그 이야기를 하고 있는 것이 아닙니다. 본문의 주인공은 바로 아무 힘도 없는 을의 자리에 있는 야곱입니다. 본문의 요지는 인생의 막다른 고난과 고생길을 걸어가는 야곱에게 하나님이 함께 하고 계셨고 그 고난을 축복으로 온전히 갚으셨다는 것입니다.

하나님이 돌보시지 않는 것 같은 억울하고 하소연 할 수 없는 막다른 고난의 길을 지나고 있습니까? 야곱의 생애를 통하여 하나님께서 우리 주니어누가들과 CMFer에게 주시고자 하는 메시지를 나누고자 합니다. 세 가지입니다.

첫째, 자리를 지키는 것이 성실입니다.(창 31:38)
내가 이 이십 년을 외삼촌과 함께 하였거니와 외삼촌의 암양들이나 암염소들이 낙태하지 아니하였고 또 외삼촌의 양 떼의 숫양을 내가 먹지 아니하였으며

자리를 지키게 하시는 하나님이십니다.
대기업에서 직원을 뽑을 때 이제는 스펙보다는 인성을 더 중요시 한다고 합니다. 왜 그렇습니까? 스펙으로 뽑았는데 다 도망가더라 이직율이 너무 높더라~ 그래서 성실한 성품이 무엇보

다도 중요하다고 생각하는 것이죠.

무슨 일을 하던지 두 가지 마음으로 합니다. 하나는 즐거워서 하는 것이고 둘째는 억지로 마지못해 하는 것입니다. 우리 지체들은 어떻습니까?

공부하는 것이 너무 기대되고 즐거웠습니까? 매일 매일 시험이면 좋겠다고 생각했습니까? 사실은 돌아가기에는 너무 늦었고 눈치는 보이고 갈 데는 없고 그래서 견디지 않으셨나요?

야곱이 라반의 집에서 일하는 경우 두 가지 경우가 합쳐졌다고 볼 수 있다. 에서를 피해서 어쩔 수 없이 간 곳이 라반의 집이었습니다. 야곱은 라헬을 얻기 위해서 기쁨으로 7년을 수일 같이 보냈습니다. 저는 누가회공동체를 섬긴지 8년째입니다. 그런데 8일이 지난 것 같습니다. 왜 일까요? 그것은 제가 머리가 나빠서 기억을 못해서 그런 것이죠. (웃음) 다시 레아와 살면서 7년 고생합니다. 그리고 6년 양들을 치면서 이때는 정말 억울했겠죠. 도합 20년의 시간을 보냅니다.

성경이 말하는 야곱은 잔머리의 대가입니다.
야곱이 어떻게 20년을 견디는가? 우리가 던지는 질문입니다.

왜 도망가지 않았는가? 이유는 야곱이 선택할 수 있는 것이 별로 없었고 코너에 몰려 있었던 것이죠. 그 가운데서 야곱이 단련되어지고 있었다. 그래서 그에게 가장 큰 스승은 사실은 삼촌 라반이 아니라 시간인 것입니다.

그러므로 어찌되었던 어쩔 수 없든, 1년 쌈빡하게 잘 하는 것보다 오래하는 것이 참 실력입니다.

제가 4월쯤에 병원에 잠시 입원하면서 사역을 돌아보았습니다. 그런데 진짜 제가 아픈 이유는 다른데 있지 않고 바로 두 가지 때문이었습니다. 〈탁월하게 해야 한다〉 〈내가 다해야 한다〉 지금 웃고 있는 것 압니다.

그런데 학생들이, 젊은 누가들이 원하는 진심은 우리 곁에 〈오래 오래〉 함께 해주세요 라는 것을요~ 죽도록 해라? 과로사해라? 그게 아니라 우리가 졸업하고 결혼하고 아이들 키우고 우리가 정말 힘들 때 상담이 필요할 때 기도부탁하고 함께 해 줄 수 있는 간사님으로 남아 계셔주세요 였습니다. (아닌가? 웃음)

그리고 보니 학생들이, 주니어누가들이 저를 찾을 때는 힘들고 어려울 때가 대부분이었습니다. 탁월한 사역보다 혼자 북 치고 장구 치는 사역보다 여러분 곁에 늘 묵묵하게 함께 있어주는 것이 진실한 사역이라고 믿습니다.

힘을 빼야 하나님이 일하십니다.

아브라함에게 100세에 아들을 주십니다. 왜? 젊고 힘이 있을 때 이럴 때 안주십니까? 하나님께서 아브라함의 힘을 완전히 빼고 있습니다.

젊을 때 예쁜 여자가 지나가면 얼굴이 돌아갑니까? 안돌아갑니까? 당연히 돌아갑니다. 뭐 건강하다고 볼 수 있습니다. 독거 노인이 되기로 결단하지 않았다면 말이죠?(웃음) 그런데 결혼하면 아내가 옆에 있으면 머리가 돌아가면 됩니까? 안 됩니까? 돌아가면 집에 가서 맞습니다. 지혜로운 남편은 고개는 돌아가지 않고 눈만(눈깔만) 돌아갑니다. (웃음)

왜 100세입니까? 아브라함이 그 나이에는 고개가 돌아가는 것이 아니라 고개가 들리지 않습니다. 골다공증, 측만증, 디스크로 목뼈가 굳었습니다. 예쁜 여자에게 휘파람을 불고 싶어도 기침과 가래 끓는 소리만 납니다. 아예 목소리가 안 나옵니다. 육신의 힘이 완전히 바닥났을 때, 그제야 아들을 주심으로 하나님은 아브라함에게 알려주십니다. 너의 힘이 아니라 은혜로 주어진 자녀이다. 꼭 기억해라! 아브라함.

마찬가지로 하나님께서 야곱의 힘을 완전히 빼고 있습니다. 야곱을 20년 돌리고 돌리시는 너무한 야박한 하나님처럼 보이지만 다 뜻이 있습니다.

인턴들을 삼신이라고 합니다. 어느 곳에서든 잘 잔다. 잠신, 무엇이나 잘 먹는다. 먹신, 할 줄 아는 게 없다. 등신~ 내가 할 수 있는 것이 없을수록 하나님은 더 크게, 능력으로 역사하실 수 있는 것입니다. 우리의 시작이 그러했음에도 지금 어떻습니까?

지금 내가 누리는 것들, 이루어 놓은 것들, 나의 위치, 모든 것이 내가 한 것이 아니죠? 그것은 모두 하나님의 한량없는 은혜로 되어진 것입니다. 이 만큼이나 의료사회 가운데 역할을 하고 있는 것은 막대기와 지푸라기 같은 나를 붙드신 하나님의 열심임을 결코 잊지 않는 우리 되었으면 합니다.

둘째, 고난을 갚아주시는 하나님이십니다.(창30:41)

내가 외삼촌의 집에 있는 이 이십 년 동안 외삼촌의 두 딸을 위하여 십사 년, 외삼촌의 양 떼를 위하여 육 년을 외삼촌에게 봉사하였거니와 외삼촌께서 내 품삯을 열 번이나 바꾸셨으며

야곱에게 아내도 있고 애들은 커 가는데 품삯은 안주고 답이 안 보이는 것입니다.

그때 야곱이 라반에게 딜(거래)을 합니다. 키우는 짐승들 중에 아롱, 점, 검은, 흠있는 것은 자기에게 달라고 합니다. 왜 입니까? 부스러기라도 챙기자! 드디어 야곱의 그 잔머리가 발휘됩니다. 짐승들이 새끼를 밸 때 버드나무, 살구나무, 신풍나무 등 그 푸른 가지의 껍질을 벗겨 흰 무늬를 내고 그 앞에서 새끼를 배도록 하자 얼룩얼룩한 것, 점이 있는 것 아롱진 것이 태어나는 것입니다.

어떤 목사님은 야곱의 창의력이 너무 좋다. 배워야 한다고 말하지만 잔머리이지요? 왜 그렇습니까? 수의학에도 유전학에도 그런 방법은 없습니다. 바로 하나님이 고생하는 야곱의 뒤에 계셔서 챙겨주신 것입니다. 바로 기적인 것이지요.

재산이 많아져 야곱이 가족과 하인과 짐승을 데리고 떠납니다. 그때 라반이 집에 드라빔(우상)이 사라진 것을 알고 야곱을 추격합니다. 라반은 정말 돈에 환장한 사람입니다.

두 딸의 고백이 어떻습니까? 외국인처럼 우리를 대했다는 것입니다. 야곱의 고생과 수고 덕택에 모은 그 많은 자신의 재산을 나두고 야곱에게 와 그의 재산을 내 것, 내 것이라고 말하는 몰염치한 사람이었습니다. 오늘 야곱에게 복수하고 그의 재산과 생명에 가해를 끼칠 수 있는데 왜 그렇게 하지 않습니까? 이유는 성경에서 분명히 말합니다. (42절) 하나님이 꿈에 나타나셔서 책망하셨기 때문입니다.

무슨 이야기입니까? 하나님이 라반에게 나타나셔서 죽을래? 하셨다는 것이죠. 저희 집에 어항이 있습니다. 제 아들 준서가 마트에서 한두 마리 사모은 것이 많아졌고 그것들이 커서 새끼들을 치는데 어항이 가득했습니다. 그런데 어항에서 큰 놈 4마리, 빅4, 네 놈이 모이를 충분히 주는데도 새끼들을 잡아먹는 횡포를 부리는 것입니다. 어느 날 집에 왔는데 어항에 빅4 마리가 없는 것입니다. 장모님에게 물었습니다. 장모님은 헛기침을 하면서 어항을 청소하다가 모르고 흘려보냈다는 것입니다. 사실은 장모님도 그 횡포를 보고 계셨습니다. 그리고 결단하셔서 드넓은 바다로 가도록 하수구로 보낸 것이지요.

왕 위에 진짜 왕이 계십니다. 까불면 안됩니다.

라반과 야곱은 이제 갑을의 관계가 아니라 대등한 관계로 변했습니다. 삼촌에게 대놓고 이야기하며 언약을 맺는 관계가 되었습니다.

찌질한 야곱이 이토록 놀라운 모습으로, 당당한 모습으로 어떻게 변할 수 있었을까요?
바로 20년의 기나긴 세월동안 졸지도 주무시지도 않으시는 하나님께서 늘 그의 뒤에서 보시고 지키고 계셨기 때문입니다.

하나님께 우리 지체들의 인생의 뒤편에서 늘 지키고 계시고 앞으로도 그러하시다고 저는 믿어 의심치 않습니다. 그 하나님을 인정하고 살아계십니까? 아니면 내 실력과 잔머리를 의지하여 살아가고 계십니까?

심리상담이론 중에 대상종속이론이라고 있습니다.
영아들은 1년 안에는 엄마가 눈앞에 없으면 없어졌다고 자기를 버렸다고 생각합니다. 그리고 울지요~ 그런데 자라서 2살 정도가 되면 엄마가 눈앞에 없어도 부엌에 화장실에 있다고 생각하고 울지 않습니다. 보이지 않지만 엄마가 있는 것을 아는 것이지요! 우리는 수십 년 하나님 믿어 왔는데 어려운 일이 닥치면 언제나 계시는 하나님을 부정하고 무기력해하는 2살보다 못한 믿음 없는 인생들이 아닙니까?

제가 아는 김○○ 선교사님이 계십니다. 부산, 경남에 있는 의대를 다닐 때 아무리 시험이 있고 어려움이 있어도 캠퍼스예배를 포기하지 않았고 성경을 생명처럼 사랑하셨습니다. 한번은 의대 본과때 바쁘고 정신없는 시절이었지만 성경 읽는 것을 넘어서 성경공부를 시작하셨습니다. 친구들이 그걸 보고 도전을 받았습니다. 그래서 친구들이 김○○는 성경까지 연구하면서 본과공부를 한다. 우리도 하자~ 그러면서 친구 3명이 성경공부 연구모임에 동참하게 되었습니다.

성경공부를 주도한 김○○ 선교사님은 한 번도 유급 없이 졸업했습니다. 그런데 그 성경공부를 따라했던 3명은 전부 유급을 당했습니다. 다른 사람들이 보기에 얼마나 어리석고 멍청하게 보였을까요? 의대 공부만 해도 따라 가기 힘든 시절에 하나님의 뜻을 알아야 한다고 시간을 내어 성경공부까지 했으니깐요.

그렇게 시간이 지나고 그 때 한 번도 유급 없이 졸업했던 김

○○ 학생은 선교사가 되었고 유급당한 3명의 친구들은 어떻게 되었을까요? 모두 다 서울대병원 교수님이 되셨습니다. (우와)

야곱이 다시 가나안으로 돌아가면서 20년 동안 억울하게 일하면서 손해 보거나 잃은 것이 있습니까? ☆하나도 없습니다.☆

그의 눈물과 수고와 헌신을 다 갚아주셨습니다. 버드나무에 잔머리 안 굴려도 다 가지고 나갔을 것입니다. 왜요? 야곱은 약속의 자녀이기 때문에 그의 수고를 라반이 아니라? 주님이 다 갚아주십니다. 여러분의 수고와 고생을 주께서 다 아시고 갚아주시리라 믿습니다. 힘내십시오!(아멘)

셋째, 신앙이 전수되는 것이 참된 복입니다.(42절)

우리 아버지의 하나님, 아브라함의 하나님 곧 이삭이 경외하는 이가 나와 함께 계시지 아니하셨더라면 외삼촌께서 이제 나를 빈손으로 돌려보내셨으리이다마는 하나님이 내 고난과 내 손의 수고를 보시고 어제 밤에 외삼촌을 책망하셨나이다 그의 고백이 무엇입니까? 아브라함의 하나님, 이삭의 하나님이 누구의 하나님이라고요? 야곱의 하나님이라고요! 그리고 이 하나님은 요셉의 하나님이십니다. 요셉이 무엇을 보고 자랐습니까? 자녀는 아버지의 가르침이 아니라 삶을 보고 자랍니다. 야곱의 고난을 성실히 갚으셨던 그 하나님을 요셉은 알고 있습니다.

애굽 낯선 땅에 외국인 노동자(이방인) 팔려서 그 오랜 시간을 왜 성실하게 살아 어떻게 형통의 삶을 이루어 놓습니까?? 노예로 종으로 죄수로의 삶이 만만치 않았지만 아브라함과 이삭과 야곱과 동행하셨던 그 하나님이 자신(요셉)과 동행하심을 믿음으로 고백했기 때문입니다.

(로마서 8:28) 우리가 알거니와 하나님을 사랑하는 자 곧 그의 뜻대로 부르심을 입은 자들에게는 모든 것이 합력하여 선을 이루느니라

하나님의 손에 붙들려 있으면 하나님이 반드시 갚아주신다. 인생의 고난을 영생의 축복으로 반드시 돌려주십니다. 그러므로 약속의 자녀에게 불고난은 큰손해가 아니라 큰축복이 되는

것입니다. 하나님은 라반집에서 종살이라는 도구로 야곱을 그렇게 단련하셔서 하나님의 사람으로 빚어놓으시는 것입니다.

(욥기 23:10) 그러나 내가 가는 길을 그가 아시나니 그가 나를 단련하신 후에는 내가 순금 같이 되어 나오리라

(시편139:5) 주님께서 나의 앞뒤를 두루 감싸 주시고, 내게 주님의 손을 얹어 주셨습니다.

평생에 하나님은 우리의 지혜와 방법을 뛰어넘으시는 분이십니다.

안 되는 것을 되게 하시며 모든 것을 사용하여 선을 이루시는 하나님이십니다. 그래서 우리가 의지해야 할 분은 하나님 한 분밖에 없는 것입니다. 그렇게 그 분을 의지하고 믿음으로 살면 약속의 자녀로 하나님의 위대한 복과 은혜, 평강을 반드시 누리게 될 것입니다. (아멘)

몇 달 전에 아내 운전연수를 시켜주었습니다. 아내의 운전면허는 장롱 속에 묻어둔 골동품이었습니다. 장롱면허 아시죠? 저도 누가회 사역이 저녁과 밤사역이 대부분이니 아침 일찍 일어나 날마다 아내의 직장까지 태워주는 것이 너무 고역이었습니

다. 나도 살아야겠다 싶어서 운전을 가르쳐주다가 한번은 크게 싸웠습니다.

연인끼리, 부부끼리 연수하다가 헤어진다? 정말 이더라고요. 저는 어린이사역, 청소년사역, 청년사역, 그 오랜 시간 100만 km 이상 달렸습니다. 중고차 여러 대 해먹은 나름 운전의 달인이라고 자부할 수 있습니다. 그런데 아내가 1주일 연수하고 고집을 부리는 것이었습니다. 이렇게 해야 한다고~ 저는 아니라고~ 그때 너무 어처구니가 없고 도무지 참을 수 없어서 화를 엄청 내고 그래도 분이 안 삭혀서 방에 들어와서 밥도 안 먹고 누워서 식식 대고 있는데

하나님 너무 억울합니다. 이제 일주일 운전한 초보가 저를 가르치려고 합니다.

그 때 갑자기 한 음성이 들리는 것입니다.
"나는 영원이다."
그리고 저의 입이 쑥 들어가고 갑자기 멍해졌습니다.

그리고 그렇게 고백했습니다. 하나님 맞습니다. 우리 아내가

초보가 아니라 제 인생 제 마음대로 살려고 고집하는 제가 사역
초보, 인생초보, 신앙초보가 맞습니다.

그리고 바로 아내에게 달려가 사과했습니다. 하나님이 들어
오시니 사과할 마음과 용기가 생기더라고요~

- 수십 년째 신앙생활 하셨습니까? 모태신앙입니까?
- 삼 대째 집안입니까? 선교사가 전도한 집안입니까?
- 집안에 목사 장로 권사가 넘쳐납니까?
- 병원에서 잘 나가는 의료인입니까?
- 이제는 의료인으로 초보 때를 벗었습니까?

우리는 하나님 앞에 늘 "초보"에 불과합니다.

하나님 없는 배제한 우리의 생각에 의한 결정은
최선이 아니라 연약이며 부족일 수밖에 없습니다.

영원이시며 알파와 오메가이신
우리를 사랑하는 아버지 되신
우리의 실수와 연약에도 불구하고

불고난 가운데서도 반드시 합력하여 선으로 인도하시는,
실수하지 않으시는
하나님을 믿고 힘을 빼고 자리를 지켜
우리의 인생을 온전히 맡겨 드리므로
의료사회 중심에서 하나님의 일하심을 보는
주니어누가들과 CMFer 되시길 간절히 소원하고 축복합니다.

찬양곡《 하나님은 실수하지 않으신다네》

내가 걷는 이 길이 혹 굽어도는 수가 있어도
내 심장이 울렁이고 가슴 아파도
내 마음속으로 여전히 기뻐하는 까닭은
하나님은 실수하지 않으심일세

내가 세운 계획이 혹 빗나갈지 모르며
나의 희망 덧없이 쓰러질 수 있지만
나 여전히 인도하시는 주님을 신뢰하는 까닭은

주께서 내가 가야 할 길을 잘 아심일세

어두운 밤 어둠이 깊어 날이 다시는
밝지 않을 것 같아 보여도
내 신앙 부여잡고 주님께 모든 것 맡기리니
하나님을 내가 믿음일세

지금은 내가 볼 수 없는 것 너무 많아서
너무 멀리 가물가물 아른거려도
운명이여 오라 나 두려워 아니하리
만사를 주님께 내어 맡기리

차츰차츰 안개는 걷히고
하나님 지으신 빛이 뚜렷이 보이리라
가는 길이 온통 어둡게만 보여도
하나님은 실수하지 않으신다네

故 이경순 권사님 장례위로예배설교

요한복음 3장 16절

하나님이 세상을 이처럼 사랑하사 독생자를 주셨으니 이는 저를 믿는 자마다 멸망치 않고 영생을 얻게 하려 하심이니라

제목: 그 사랑 안에 영원히 거하다!

제가 아는 선생님 부부의 참 많이 사랑했던 딸이 희귀병을 앓다가 10살에 소천 했습니다. 10살은 체 피어보지도 못한 나이가 아닙니까?

누가회 때 같이 사역했던 최원일 선교사님이 38살의 나이로

캄보디아 선교사로 가서서 한 달 동안 설교를 준비하시고 첫 설교를 하셨습니다. 그리고 다음 날 일어나지 못했습니다. 그의 첫 설교가 마지막 고별설교가 된 것이지요. 38살이면 정말 왕성하게 사역해야 할 나이가 아닙니까?

샘병원 미선원장이신 박상은 원장님이 베트남 단기선교 가셨다가 65세의 나이로 천국에 가셨습니다. 아프리카와 북한, 약자를 그렇게 사랑하시고 섬기셨는데 아직도 할 일이 많으셨는데 65세는 요즘 한창인 나이가 아닙니까?

故 이경순 권사님 88세로 소천하셨습니다.

저희 장인, 장모 친가 외가 할머니들이 다 100세를 사셨습니다. 경주 할머니는 백세 잔치를 하고 천국 가셨습니다. 그런데 가족들과 자녀들의 마음이 1년 만, 2년 만 더 사시지 안타까워하셨습니다.

자녀의 입장에서 부모님이 가셔도 되는 충분한 나이는 없습니다.

10살, 38살, 65세, 88세, 100세를 살더라도~ 무한하시고 영존하시고 영원하신 하나님 앞에서 유한한 인생은 잠시, 순간을 살아내는 것입니다. 그리고 그 순간 안에서 희로애락의 삶을 살아가는 것이지요.

권사님의 88년의 생애를 뒤돌아봅니다.

권사님도 처음부터 할머니가 아니셨지요? 방긋 웃는 아기였을 때가 있을 것입니다. 질풍노도의 사춘기도 있었고요 불꽃같은 청춘의 시절도 있었고요 자녀를 키우면서 중년의 시간을 보내고 손주들 보시는 할머니가 되셨습니다.

권사님은 언제가 가장 행복하셨을까?

장로님과 결혼했을 때? 출산하셨을 때? 자녀들이 대학 합격했을 때? 결혼하고 손주들 데리고 왔을 때였을까요?

저도 권사님 섬기셨던 동삼교회에서 한 때 사역해서 장로님, 권사님 알고 있습니다. 한종술 목사님과 20년 교제하면서 권사님께서 어떤 삶을 살아오셨는지 익히 들어 잘 알고 있습니다. 그 모든 이야기를 정리하자면 권사님은 삶으로 말씀하시는 분이셨습니다.

말은 많지만 제대로 사는 분이 적은 이 시대에 우리 권사님은 믿음의 삶으로 자녀와 교회와 성도를 양육하고 돌아보고 섬기시는 분이셨습니다. 인생의 마지막에 정신이 흔들리는 그 순간에도 평생의 삶이 그 정신을 붙들어 마지막 선명하고 또렷한 축복기도를 하시고 생을 마감하셨습니다.

우리 故 이경순 권사님은 지금 관에 누워 계십니다.

소록도에는 나병을 앓는 성도님들이 자기 관을 만들어 놓고 한 번씩 그 관에 들어가서 주무시는 분이 계신다고 합니다. 일반성도는 도저히 이해가 되지 않는 모습이 아닌가? 저는 그것이 무엇을 의미하는지 압니다. 그 관에 들어가 죽는 날 그리고 다시 눈 뜨는 날, 그렇게 보고 싶었던 예수님을 만나 뵙는 것입니다. 암흑이 아니라 기어 다니는 것이 아니라 새로운 피조물로 뛰고 걸으며 선명하게 주님을 보며 찬양할 날을 학수고대하기 때문입니다. 그런 의미에서 소록도 성도님들의 평생의 소원은 이 관에 들어가 죽고 이 관을 통하여 천국으로 입성하는 것입니다.

세상의 문은 세워져 있습니다. 그 문을 열고 다른 공간으로 가듯이 천국으로 가는 문은 이렇게 누워져 있고 이 문을 통과하여 천국으로 입성하는 것입니다.

관에 눕고 다시 우리 권사님이 천국에서 일어나실 때 요양원에서 응급실에서 고통과 아픔의 모습이 아니라 새 피조물로 변화되어 가장 아름답고 찬란하고 강건한 몸으로 보고 싶었던 예수님을 만나고 그곳에서 찬양하며 예배할 것입니다. 이것이 우리 유가족들에게 큰 위로가 되기를 소원합니다.

우리 故 이경순 권사님 천국을 소망하며 평생을 달리신 이유가 무엇입니까?

그곳은 우리 어머니 권사님, 아버지 장로님이 우리 자녀들을 사랑하셨던 그 사랑보다 더 큰 사랑이 있는 곳입니다. 바로 우리를 위하여 외아들 예수님을 내어주시는 하나님 아버지의 사랑이 언제나 거하는 곳입니다.

권사님의 남은 소망은 이것이 아닐까요?
우리 자녀들이, 손자 손녀가 믿음에서 하나도 낙오하지 않고 그곳에서 다 모여 하나님을 같이 찬양하며 예배하는 것이 아닐까요? 이것이 우리 유가족들에게 진실한 소망이 되었으면 합니다. 주님의 참된 위로와 천국의 소망 붙들고 권사님의 뜻을 받들어 이 복음을 삶으로 살아내고 전하는 우리 유가족들 되시길 간절히 소원합니다.

기도와 축도

좋으신 하나님, 우리 故 이경순 권사님.
88년의 생애, 푯대를 향하여 믿음의 경주를 잘 달리고 드디어 완주하셨습니다.

여기까지 온 것 주님의 크신 은혜와 도우심이었습니다. 이제 권사님을 가장 사랑하시는 하나님 아버지의 사랑이 거하는 곳에 안식하시며 평안을 누리실 것입니다. 이것이 우리 유가족들에게 큰 위로와 격려가 되게 하시고 권사님의 믿음의 유지를 받들어 천국에서 다시 뵈올 때까지 신실한 신자의 삶을 살아내는 우리 유가족들 되어서 하나님의 기쁨 되게 하옵소서.

평생을 전포교회 한종술 목사님 위해 기도하셨습니다. 그 기도가 하나도 떨어지지 않고 아름답게 열매 맺을 것임을 확신합니다. 남은 장례절차가운데 한량없는 주의 긍휼과 은혜로 인도하여 주옵소서.

이제는 구주 예수 그리스도의 은혜와 하나님 아버지와 사랑과 성령 하나님의 교통 충만 역사하심이 우리 유가족 위에 함께한 전포교회 성도님과 모든 장례절차 위에 함께하시기를 간절히 축원하옵나이다.

박○○군과 김○○양의 결혼식 주례설교

마태복음 19장 4~6절

예수께서 대답하여 이르시되 사람을 지으신 이가 본래 그들을 남자와 여자로 지으시고 말씀하시기를 그러므로 사람이 그 부모를 떠나서 아내에게 합하여 그 둘이 한 몸이 될지니라 하신 것을 읽지 못하였느냐 그런즉 이제 둘이 아니요 한 몸이니 그러므로 하나님이 짝지어 주신 것을 사람이 나누지 못할지니라 하시니

저는 부산 경남 울산에서 14년간 8개 캠퍼스와 병원모임과 지역누가회를 섬겼습니다. 당연히 적지 않은 의료인 제자들이 있습니다. 그런데 그 중에 정말 아들과 같은, 아니 저에게 있는 친아들보다 더 사랑한 두 분이 계셨습니다. 바로 최○○선생님(작년에 결혼하셨습니다)과 박○○군이십니다. 제아들보다 더 사랑했다

이 말을 다시 정확하게 말하자면 이 두 분이 본인들의 육신의 아버지 어머니 이상으로 저를 따라주고 섬겨주고 기도해주고 사랑해주셨습니다. 오늘 박○○군이 결혼하십니다. 많은 결혼식을 다녔지만 오늘은 저에게 정말 특별한 결혼식일 수밖에 없는 것 같습니다.

늘 궁금했습니다. 박○○군이 몇 년 전부터 목사님이 주례입니다. (자매는 안 데려오고) 어떤 자매를 데려오나~? 늘 궁금했습니다. 몇 달 전 김해에서 채수현 선생님과 두 분 만나서 식사하고 교제하면서 너무 예쁘고 참하고 단아하고 믿음 충만한 어디 내어놓아도 손색이 없는 신부 김○○양임을 확신할 수 있어서 감사했습니다. 그렇습니다. 누가회 공동체를 섬기고 베풀고 사랑한 그 귀한 섬김을 주께서 헛되이 여기지 않으시고 이렇게 귀한 인생의 반려자를 선물로 주셨다고 저는 믿습니다.

신랑에게 묻습니다. 오늘 결혼식이 참 중요한데 결혼식보다 더 중요한 게 있습니다. 뭐지요? 결혼생활입니다. 예, 역시 우리 박○○군이십니다. 맞습니다. 결혼식을 어떻게 화려하게 치루느냐 저는 그렇게 중요하지 않다고 생각합니다. 화려한 결혼식의 시작보다 결혼생활을 어떤 내용으로 알차게 채우느냐가 더 중요한 것이지요. 이 두 분은 그리스도인입니다. 예수님을 믿지 않는 일반인의 결혼과 달리 신자의 결혼은 반드시 분명한 차별점을 가지고 있어야 합니다.

무엇입니까? 신자의 결혼은 서로만 바라보는 것이 아니라 같은 곳 하나님을 같이 바라보는 것입니다. 왜냐하면 이 가정의 주인이 하나님이시기 때문입니다. 그러므로 신자의 결혼생활의 핵심은 그 주님 안에서 한 몸을 온전하게 이루어 가는 것입니다.

한 몸을 이루어 가는 것~! 신혼 때는 너무 쉬워 보입니다.
옆에 있어도 그립습니다. 보고 있어도 보고 싶습니다. 빨리 집에 들어가고 싶어요. 내안에 네가 있고 네안에 내가 있습니다.

그런데 결혼생활 30~40년 하면 어때요? 정말 무디어지지요?

남편? 남편은 남의 편입니다. (웃음)
부인? 부인은 늘 안돼 라고 부인합니다. (웃음)

오랜 시간 함께 했는데 아침에 일어났는데 갑자기 주름진 아내의 얼굴이 뽀얗게 이뻐보인다? 〈백내장〉이 오신 겁니다. (웃음) 남편이 집에 들어오는데 갑자기 가슴이 두근두근 뜁니다? 〈심장〉이 안 좋으신 겁니다. (웃음)

그렇게 시간이 갈수록 밋밋해지고 멀어져가는 관계가 아니라 성경은 한 몸, one body, 온전한 하나가 되어야 한다고 말씀합니다.

한 몸을 이루기 위한 실제적인 세 가지 지침을 나눕니다.

첫째, 한 방을 써야 합니다.

신혼집은 방이 많으면 안 됩니다. 신혼집의 다른 방은 다 짐으로 채우고 싸워도 같이 자야 합니다. 두 분 싸워도 각방 안 됩니다.

둘째, 한 통장을 써야 합니다.

숨겨놓은 돈 있으면 안 됩니다. 오늘 하객들 중 찔리는 분들은 빨리 집에 돌아가서 이실직고 하시고 내어놓으시길 바랍니다. 부부는 경제적으로 하나입니다.

셋째, 한 마음을 품어야 합니다.

지금은 너무 같아요. 똑같아요. 다들 그렇게 시작하지만 하나님께서 남자와 여자를 다르게 만드셨습니다. 하나는 금성에서 하나는 화성에서 왔습니다.

그래서 한 마음을 가지기 위해서 공부하셔야 합니다. 두 분 다 심장내과전문의이신데 의사는 평생 공부해야 하는 직업입니다. 마찬가지로 부부도 한마음을 품기 위해 평생을 공부해야 합니다. 제가 드린 래리 크랩 교수님의 〈결혼건축가〉 책을 닳도록 읽고 또 읽으십시오!

그리고 깊은 대화가 있어야 합니다. 제가 부산에서 30년 여러 교회 사역했는데 ○○교회 집사님 부부가 30년 결혼 생활했는데 한 번도 안 싸웠다는 분이 계셨습니다. 거의 홍해가 갈라지는, 오병이어의 기적 아닙니까? 이게 어떻게 가능한가? 우리 집은 하루에 열 번도 싸우는데 남편이 돈과 권력이 있어서? 아닙니다. 남편은 하루 벌어 하루 사는 일용직이시고 산동네 사십니다. 그런데 남편이 일을 마치고 버스에서 내리면 부인이 기다리고 있다가 두 손을 잡고 집으로 올라가면서 하루 종일 있었던 일들, 좋았던 일, 슬펐던 일, 다 빠짐없이 다 나눈다는 것입니다.

평생을 그렇게 사셨다고 합니다. 행복이 무엇입니까? 내 속을 보여주고 내 뒤를 보여줄 수 있는 사람과 손잡고 이야기하며 그 길을 평생 걸어가는 것 아니겠습니까?

그리고 기도하십시오. 세상 살다보면 두 분에게 돈으로도 권력으로도 지위로도 안 되는 때가 옵니다. 그때 하늘의 하나님께 겸손히 무릎 끓으십시오! 그러면 주께서 길을 내시고 선하심으로 인도하실 것입니다.

박○○군, 김○○양~ 평생에 한방, 한 통장, 한 마음 품으시길 바랍니다.

각자 하나님을 진실하게 사랑하고 주님의 그 크신 은혜 안에서 서로가 서로를 진실하게 사랑하십시오! 그래서 주님이 그렇게 원하시는 한 몸된 온전한 그리스도인의 가정을 꼭 이루어가시기를 간절히 소원하고 축복합니다.

참고도서

강원구,『설교테크닉』,서울: 요단출판사, 2018

권호, 임도균,『최상의 설교』,서울: 아가페, 2024

김관성, 최병락,『목회멘토링』,서울: 두란노, 2022

김정훈,『설교에 맛을 더하는 예화 사용법』,서울: 브니엘, 2024

김현철,『미래세대 프로파일링』,서울: 꿈미, 2023

곽영희,『성공적인 설교speech』,서울: 21세기 설교개발원, 1997

류응렬,『세상을 움직인 설교자의 설교』,서울: 두란노, 2023

박영재,『원포인트로 설교하라』,서울: 요단출판사, 2018

박정엽,『감동적인 수련회로 업그레이드』,서울: 드림북, 2024

신상욱,『목사님, 설교 최고예요!』,서울: 생명의 말씀사, 2011

이규현,『설교를 말하다』,서울: 도서출판 두란노, 2020

장주희,『들리는 설교』,서울: 이른비, 2024

채경락,『쉬운 설교』,서울: 생명의 양식, 2024

채경락,『퇴고 설교학』,서울: 성서유니온선교회, 2013

환진환,『설교의 영광』,서울: 담북, 2024

홍민기,『플랜팅 시드: 교회를 심다』,서울: 규장, 2024

다니엘 도라아니,『적용, 성경과 삶의 통합을 말하다』,정옥배 역,

서울: 성서유니온선교회, 2009

브라이언 채플,『성화의 은혜』,조계광 역, 서울: 생명의 말씀사, 2002

로날드 알렌,『34가지 방법으로 설교하라』,허정갑 역, 서울: 예배와 설교아카데미, 2004

유진 L. 로우리,『이야기식 설교구성』,이연길 역, 서울: 한국장로교출판사, 1996

월터 부르그만,『설교자는 시인이 되어야 한다』,주승중 역, 서울: 겨자씨, 2007

존 맥아더,『목회자는 설교자다』,이대은 역, 서울: 생명의 말씀사, 2015

존 스토트, 그레그 샤프,『존스토트의 설교』,박지우 역, IVP, 2013

존 w. 드래크포드,『유머있는 설교』,박희민 역, 서울: 보이스사, 1993

J.C.라일,『단순하게 설교하라』,장호준 역, 서울: 복있는 사람, 2012

J. 스코트 듀발, J. 다니엘 헤이즈,『성경해석』,류호영 역, 서울: 성서유니온선교회, 2009

팀 켈러,『팀 켈러의 설교』,서울: 도서출판 두란노, 2016

프래드 크래독, 『권위 없는 자처럼 - 귀납적 설교의 이론과 실제』, 김운용 역, 서울: 예배와설교아카데미, 2003

헤돈 로빈슨, 『탁월한 설교에는 무언가 있다』, 김창훈 역, 서울: 솔로몬, 2009

Fred B. Craddock, Over hearing the Gospel, Chalice Press 2002